오늘날 먹고 사는 문제는 어느 정도 해결되고 있다고 하지만 날로 더해가는 치열한 경쟁 때문인지 청소년들은 멍들어 가고 있다. 학교 폭력이나 디지털 범죄, 학업 스트레스 등 다양한 문제를 겪고 있는 게 청소년들의 현실이다. 이런 상황에서 부모들 또한 소중한 자녀를 어떻게 도울지 몰라 발을 동동 구르고 있다. 《최소한의 심리학》은 청소년들이 부딪치는 다양한 상황을 총망라 하다시피 하였다. 30여 가지의 상황을 5개의 범주로 정리한 내용을 읽어가며 저자들이 참으로 애썼다는 찬사를 금하기 어려웠다. 더욱이 각 항목에는 구체적인 지침은 물론 각종 테스트, 그리고 체크리스트 등이 포함되어 있어 유용하다. 특히 저자들은 고통에 처한 청소년들을 직접 만나 도움을 주는 상담자들이기 때문에 그들이 제시하는 방안들은 현실적이고 실용적이다. 이 책은 해결책을 찾는 청소년과 학부모에게 단비가 될 것이다.

장석숙 명예교수_가톨릭대학교 심리학과

《불행한 관계 걷어차기》 저자

요즘 정신건강 그중에서도 심리학에 대한 사람들의 관심이 증가하고 있다. 실제로도 교육, 방송, 출판 등 다양한 분야에서 심리학을 앞다투어 다룰 만큼 인기가 많다. 심리학이 관심의 대상이 되어 좋기도 하지만 지나치게 어렵거나 너무 단순화시키는 경우도 있어 전문가로서 아쉬움을 느끼곤 했다. 《최소한의 심리학》은 심리상담을 공부한 글재주 좋고 입담 좋은 상담가들이 협심하여 만든 책으로 청소년들이 경험할 수 있는 상황과 구체적인 어려움을 잘 담아냈다. 나아가 명쾌한 정의와 설명은 물론 효과적인 대처법까지 제시하고 있다. 청소년들이 실제 경험한 사례를 바탕으로 이론적인 설명도 곁들이고 있어 청소년은 물론 부모, 교사, 청소년 상담가 그리고 청소년에 대해 관심을 갖고 있는 모든 사람들에게 도움이 될 것이다.

육성필 교수_서울상담심리대학원대학교 위기관리상담
《청소년 자살과 자해예방 전문가지침서》 역자

청소년 시기는 한 사람의 일생에서 대단한 드라마를 쓰는 과정이다. 이런 면에서 《최소한의 심리학》은 진로탐색, 정체성 구축 등 청소년기에 마주하는 다양한 문제에 대한 중요한 원리와 팁을 제공하고 있어 매우 인상 깊다. 저자들이 청소년들과 상담을 하면서 경험한 내용을 다양한 사례로 쉽게 정리하고 있어 더욱 유익하다. 실제 청소년들을 지도하는 선생님이나 학부모들도 청소년들을 돕는 데 필요한 지식과 방법을 얻을 수 있을 것이다. 우리는 청소년들의 욕구를 얼마나 알고 있으며, 변화하는 시대상에 맞게 이들을 이해하고 있는가? 청소년의 문제는 그들만의 문제가 아니라 우리 모두의 과제이기도 하다. 이 책이 청소년을 이해하고 공감하며 따뜻하게 감싸는 위로와 치유가 되길 진정으로 바란다.

양준석 연구교수_한림대학교 생사학연구소

《코로나를 애도하다》 저자

필요할 때 언제든 꺼내 쓸 수 있는
30개의 심리학 도구들

'도대체 내가 왜 이러지?'

'어휴, 쟨 왜 저래?'

'이게 무슨 상황이지?'

이런 생각을 해본 적 있나요? 숙제는 다 했냐고 물어보는 엄마의 말을 하루 이틀 들은 것도 아닌데 오늘따라 유난히 속상해집니다. 농담 삼아 날 놀리는 친구의 말에 갑자기 화가 나거나 선생님이 지나치듯 건넨 한 마디에 눈물이 나지요.

"내가 이상한 걸까요?"

상담실에 찾아오는 많은 청소년들이 이렇게 묻습니다. 하지만 가만히 이야기를 들어보면 이상한 게 아니라 '그럴 만한' 일들이 대부분입니다. 외롭고 짜증 나고 화나고 두렵고 불안하고 어떻게 해야 할지 몰라서 실수를 하는 건 어른이 되어서도 자주 겪는 일입니다.

사람은 기본적으로 '자신의 틀' 안에 갇혀 있는 경우가 많습니다. 남도 나와 같은 마음일 것이라고 착각합니다. 나와 남이 똑같다고 생각했는데 그렇지 않다는 것을 알게 되었을 때 크고 작은 갈등이 생기지요. 내가 이상해서 그런 게 아니라 그런 상황을 어떻게 받아들여야 할지 몰라서 혼란스러운 것입니다.

이럴 때 도움이 되는 것이 '심리학'입니다. 심리학은 사람의 생각과 감정과 행동을 다양한 각도에서 바라보게 하지요. 다른 학문에 비하면 비교적 역사가 짧다고 할 수 있는 심리학이 현대에 들어서 폭발적인 관심을 받게 된 것도 '나와 타인과 세상'에 대해 이해할 수 있도록 도와주기 때문인 것 같습니다.

> **"그렇다면 이토록 좋은 심리학을
> 우리 고민에 어떻게 적용하면 좋을까요?"**

이 책은 상담심리가이자 작가인 세 명의 저자가 이런 고민 끝에 쓰기 시작한 글입니다. 심리학 이론이 그저 책에 나오는 이론으로 그치지 않고 청소년들이 만나는 다양한 상황에서 구체적으로 도움이 되길 바랐기 때문입니다.

청소년기는 정서적·인지적으로 폭발적인 변화를 겪는 시기입니다. 정체성에 대한 혼란을 느끼고 진로와 학습에 대한 압박감도 크지요. 우리나라는 입시에 대한 부담감이 유난히 높습니다. 어렸을 때부터 밤늦게까지 학원에서 공부하느라 자신에 대해 충분히 고민하고 방황할 시간을 갖지 못하는 것은 안타까운 일입니다. 남들과 다른 나를 인정하고 당당한 자신감을 키워가야 할 시기에 오히려 튀지 않기 위해 남들과 똑같아지는 노력을 하는 일도 생깁니다.

자신의 참된 모습을 잃어갈 때 마음의 병이 생깁니다. 혼자 고민하기 어려운 일이 생기면 반드시 주변에 도움을 요청하세요. 부모님, 선생님, 친구들 등 믿을 수 있는 사람에게 마음을 털어놓는 것만으로도 한결 나아집니다. 시급한 문제라고 판단되면 심리상담을 받는 것도 좋습니다. 지지받고 공감받는 경험 속에서 자신을 잘 돌볼 수 있는 힘을 찾을 수 있을 겁니다.

본문에 나오는 사례들은 실제 상담 현장에서의 경험을 바탕으로 한 것입니다. 상담실에서 만난 청소년들이 겪는 어려움에 도움이 되었던 솔루션을 주제별로 간추렸습니다. 1부는 위기관리 편으로, 힘든 상황에서 현실적으로 어떻게 대응할 것인지에 대한 내용입니다. 시간이 갈수록 교묘해지고 있는 디지털 성범죄를 비롯해 학교폭력 등의 문제를 다뤘습니다. 내가 잘못하지 않아도 힘든 일은 생길 수 있습니다. 이럴 때일수록 무조건 피하기보다 적극적으로 도움을 요청하고 대응하면 오히려 마음의 힘이 커집니다. 2부는 감정 편으로, 평소 자주 느끼되 어떻게 다뤄야 할지 몰라 어려움을 겪는 감정에 대한 이야기입니다. 정서적으로 안정감을 유지하는 법을 알면 청소년기뿐만 아니라 어른이 되어서도 평생 살아가는 데 힘이 됩니다. 3부는 관계 편으로, 타인과 갈등이 생겼을 때 어떻게 해결하면 좋을지 배울 수 있습니다. 관계의 어려움을 해결하기 위해 노력하다 보면 문제를 해결하는 능력도 높아집니다. 4부는 진로와 학습 편으로, 앞으로 어떤 일을 하고 싶은지에 대해 생각해 볼 수 있습니다. 집중력과 기억력을 높이는 법, 스트레스를 다른 시각으로 보는 법은 학업은 물론 다양한 경험에서 유익한 팁이 될 것입니다. 마지막으로 5부는 습관 편으로, 나쁜 습관을 버리고 좋은 습관을 들이는 방법에 대한 내용입니다. '세 살 버릇 여든까지 간다.'라는 속담도 있는 것처럼 좋은 삶을 살고 싶다면 좋은 습관을 많이 만들어두는 것이 좋습니다.

삶에는 수만 갈래의 길이 있습니다. 어떤 길을 선택하더라도 사람들과의 갈등을 피할 수는 없습니다. 타인과의 갈등이 두려워 눈치만 보면 당당하게 살아나가기 어렵습니다. 반대로 나만 옳다고 타인에게 내가 원하는 것을 강요하면 원만하게 살아가기 어렵지요.

내가 세상에 한 명밖에 없는 존재이듯, 엄마도 아빠도 친구도 선생님도 동생도 언니, 오빠, 형도 고유한 존재입니다. 같은 일을 겪어도 나와 친구의 마음이 다를 수 있는 것처럼, 모든 사람이 같은 생각을 하지 않고, 같은 감정을 느끼지 않는다는 것을 알면 내가 남과 좀 다르다는 생각이 들거나 친구가 나와 다르다는 생각이 들어도 '그럴 수 있다'고 생각하는 여유가 생깁니다. 무더운 여름날 소나기가 내린 후 시원함을 느끼듯, 마음의 여유는 답답하던 상황을 느슨하게 풀어주지요. 필요할 때 언제든 꺼내 쓸 수 있는 30개의 심리학 도구들이 나답게 살아가되 타인과의 관계를 소중히 할 수 있는 지혜를 알려주는 나침반 같은 역할을 하리라고 생각합니다.

인현진, 조희진, 홍다솜 드림

목
차

위험에서 나를 지키고 싶을 때

우울하고 불안할 때

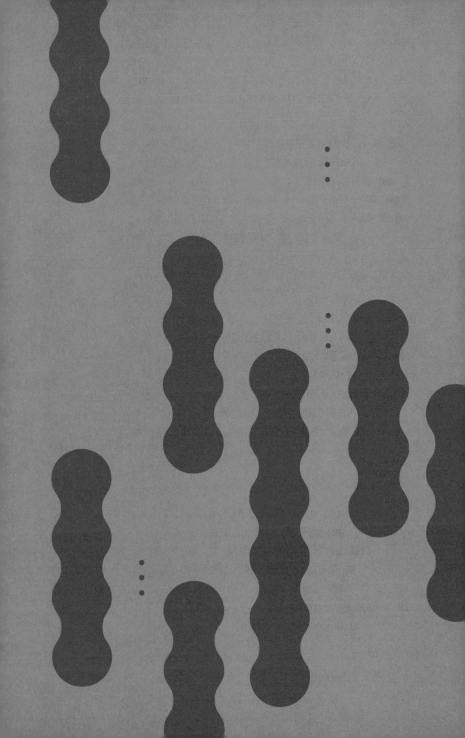

1부
위험에서 나를 지키고 싶을 때

이 이런 게 가스라이팅?

가스라이팅에서 벗어나는 법

> "옷을 왜 그렇게 입어? 나니까 이런 말 해주는 거야."

> "네가 예민한 거야. 이게 다 너 잘 되라고 하는 말이야."

> "네가 그럼 그렇지. 내가 너보다 널 더 잘 알아."

좋아한다는 고백을 하고 사귄 지 한 달도 되지 않아 간섭이 점점 심해졌다고 했습니다. "옷을 왜 이렇게 입냐?", "머리는 푸는 게 낫다." 등 외모에 대한 간섭부터 전화를 바로 받지 않거나 어디에서 누구를 만났는지 말하지 않으면 화를 내는 일도 많아졌다고 합니다. 단순히 '나를 많이 좋아해서 그런가 보다.'라고 생각했지만, 시간이 지날수록 자신의 생각과 감정을 부정당하는 일이 많아졌습니다. 자신감도 사라지고 그에게 의존하게 되었죠.

　　이처럼 타인을 심리적으로 지배해 자신이 원하는 대로 통제하는 것을 '가스라이팅(Gaslighting)'이라고 합니다. 가스라이팅이라니! 영화에서나 보는 일이라고요? 뉴스에서나 들은 일이라고요? 우리 주변에도 있는 일입니다. 가족, 친구, 연인 등 가까운 모든 관계에서 일어날 수 있죠. 피해를 지속적으로 받고 있으면서도 스스로 피해자라고 생각하지 못하기도 합니다. 언어폭력이나 물리적 폭력이라면 쉽게 알아차릴 수 있지만 상대의 마음을 교묘하게 지배하기 때문에 알아차리기 어려운 경우가 많죠.

　　그러나 가스라이팅은 엄연한 폭력입니다. 상대가 무조건 옳다고 믿으며 자신이 할 수 있는 것은 아무것도 없다고 생각하기에 우울하고 무기력한 상태에 빠지게 됩니다. 가스라이팅을 '친밀한 관계에서 일어나는 정서적 학대'라고 부르는 이유입니다.

　　일상에서 자신의 생각과 감정을 철저하게 부정당하며 살아간다면 어떤 기분이 들까요? 생각만으로도 '멘붕'이 오지 않나요? 가스라이팅은 당하는 사람이 극도의 불안감을 느끼게 만들며 의지를 꺾고 정신을 붕괴시킬 만큼 무서운 일입니다.

　　그런데 왜 다른 사람의 심리를 지배하는 행위를 가스라이팅이라고 부를까요? 미국의 정신분석가이자 심리치료사인 로빈 스턴(Robin Stern) 박사는 30년 넘게 심리전문가로 활동하면서 유난히 힘든 관계로 우울해하는 사람들에게 관심을 가졌습니다. 자기혐오에 빠지게 만드는 병적인 관계에서 일어나는 모든 문제를 정서적 학대라고 규정했죠. 가스라이팅이라는 말은 영화 〈가스등(Gaslight)〉에서 영감을 받은 것입니다.

가스라이팅을 당하고 있는지 의심이 든다면 스턴 박사의 체크리스트를 해봅시다. 이 중 1개라도 해당되는 것이 있다면 가스라이팅을 의심해 보고 그 사람과의 관계에 대해 반드시 다시 생각해 보는 것이 좋습니다.

☐	내 언행을 자꾸 되돌아보고 자책하고 후회되는 경우가 많은지 생각한다.
☐	종종 혼란스럽고 내가 미쳐가고 있는 것이 아닌지 생각한다.
☐	내가 너무 예민한 것이 아닌지 몇 번씩 생각하게 된다.
☐	주변 사람들에게 설명과 변명을 하기 싫어서 숨기는 일이 많아진다.
☐	간단한 결정조차 하기 힘들다.
☐	주변 사람들에게 상대의 행동에 대해 변명하게 되는 경우가 많다.
☐	상대에게 사과하는 일이 많다.
☐	상대를 만나기 이전의 나는 완전히 다른 사람이었다는 생각이 든다.
☐	상대에게 안 좋게 보이고 싶지 않아 내 행동과 생각을 숨기고 거짓말한다.
☐	뭔가 심각하게 잘못되었다는 것은 알지만 나조차 무엇이 잘못된 것인지 모르겠다.
☐	내가 왜 더 행복하지 않은지 이해가 되지 않는다.

가스라이팅으로부터 나를 지키려면 어떻게 해야 할까요? 스턴 박사는 '비행기의 승무원을 보라'고 말합니다. 난기류를 만나 흔들리는 비행기를 생각해 봅시다. 난기류 때문에 비행기가 흔들리니 승무원도 흔들리겠죠. 승무원에게 잘못이 있어서가 아닙니다.

가스라이팅을 당하면 자신에게 문제가 있는 것처럼 판단력이 흐려질 수 있습니다. 그러나 위의 체크리스트 항목처럼 자신이 어떤 상태인지 알아차리면 빠져나올 방법을 찾을 수 있습니다. 가해자와의 관계를 단호하게 끊어버릴 것인지, 거리를 둘 것인지 선택할 수 있죠.

가장 중요한 것은 자기 자신입니다. 내가 누군가를 만날 때 어떤 생각을 하고 어떤 감정을 느끼는지 집중해 보는 것도 좋은 연습입니다. 자신의 생각과 감정을 자유롭게 표현하지 못하는 관계라면 상대가 누구이든 나에게 좋지 않은 영향을 미치고 있는 것이니까요. 그 누구도 관계에서 해를 입지 않고, 가스라이팅에서 자유로워지길 바라는 스턴 박사의 말을 여러분에게 전해드립니다.

> "나는 이미 좋은 사람입니다.
> 타인의 인정과 평가를 받을 필요가 없어요."

★ 가스라이팅의 위험성에도 불구하고 아직 법으로 처벌하는 일은 쉽지 않다고 합니다. 조금이라도 의심이 되면 주변에 적극적으로 알리고 어른들에게 반드시 도움을 요청하세요.

02

채팅앱에서 만난 친구가 몸 사진을 요구한다면

디지털 성범죄에 당하지 않는 법

최근 몇 년 사이 '디지털 성범죄' 피해자 상담이 부쩍 늘었습니다. 가해자들은 스마트폰, 인터넷 등 디지털 환경이 일상이 된 시대라는 점을 악용하며 성인과 청소년을 가리지 않고 범죄를 저지를 대상을 찾습니다. 디지털 성범죄 가해자의 70퍼센트는 '친한 사람'이라는 연구결과가 있습니다. 아는 사람이 가해자가 되는 만큼 디지털 성범죄에 대해 더 명확하게 알 필요가 있습니다.

가해자가 청소년이라고 해서 범죄의 수위가 낮은 것은 아닙니다. 온라인 공간이 가진 익명성을 악용해 학교 친구를 성적 수치심을 주는 대상으로 만들고, 불법촬영물을 지인들에게 퍼뜨리겠다고 지속적으로 협박하고, 마음에 들지 않는 친구의 사진을 올려 신상정보를 유출하고, 사진을 합성해 불특정 다수에게 보내 성희롱하는 사례들도 부지기수입니다. 불법촬영물이 완전히 삭

제되지 않은 채 어딘가에 떠돌아다니고, 심지어 그것을 내가 아는 사람이 봤을 수도 있다는 불안감은 상상을 초월할 정도의 고통입니다.

디지털 성범죄 중에서도 온라인 그루밍 성범죄는 아동과 청소년이 표적이 되는 경우가 많습니다. 가해자가 자신보다 어리고 약한 상대에게 접근하기 때문입니다. 대화를 유도하며 주변에 도와줄 어른이나 친구가 있는지, 혼자 고립되어 있는지 교묘하게 탐색하기도 합니다.

'길들인다'는 의미를 지니고 있는 그루밍(Grooming)이라는 말에서 알 수 있는 것처럼 그루밍 성범죄는 친밀함을 쌓은 후 '심리적으로 의존'하게 만듭니다. 친구 관계의 어려움을 털어놓으면 상담을 해주거나 용돈을 주면서 경제적인 어려움을 도와주는 등 환심을 사서 경계심을 낮추지요. 이 과정에서 가해자를 전적으로 '믿게 하는' 심리적 지배가 일어납니다.

사실 그루밍 성범죄는 갑자기 나타난 범죄 형태가 아닙니다. 청소년 성범죄의 절반 가까이를 차지할 정도로 오래전부터 있었지만 온라인 환경에서 더욱더 급속도로 확산되고 있지요. 범죄는 대부분 다음과 같은 여섯 단계에 걸쳐 발생합니다.

1	피해자를 물색하고 접근한다.
2	피해자와 신뢰를 쌓는다.
3	피해자의 욕구를 채워준다.
4	피해자를 고립시킨다.
5	피해자와 자연스럽게 신체 접촉을 유도하며 성적인 관계를 만든다.
6	회유와 협박을 통해 통제한다.

1단계나 2단계, 혹은 3단계에서 눈치채지 못했다 하더라도 상대가 "네가 믿을 사람은 나밖에 없다."거나 "너는 어리지만 내가 사랑하는 건 너뿐이다.", "이건 우리 둘만의 비밀이야."라는 등 주변 관계에서 여러분을 고립시키고 다른 사람들을 믿지 못하게 만든다면 확실히 의심을 해봐야 합니다. 비밀이 많고 요구적이며 지배적이고 폐쇄적인 관계는 결코 건강한 관계가 아니기 때문입니다. 최악의 경우 6단계까지 가서 도무지 벗어날 수 없다는 생각이 들 수 있습니다. 하지만 절대 그렇지 않습니다. 범죄 피해에서 벗어날 수 있는 기회는 언제나 있으니까요.

호기심에 몇 번 들어가 본 채팅 앱에서 온라인 그루밍 피해자가 된 중학생이 있었습니다. 그 채팅 앱은 나이 제한을 따로 두지 않았습니다. 상대는 비슷한 또래라고 했지만 알고 보니

20대 중반이었습니다. 좋은 말을 하며 자신의 진짜 모습을 속였던 것이지요. 힘든 일을 말하면 위로를 해주고 기프티콘 같은 선물도 보냈습니다. 그러다 조금씩 신체의 일부를 사진으로 찍어 보내달라는 요구를 해왔지요. 손가락, 다리, 어깨 등 요구하는 범위도 과감해졌습니다. 사귀자는 말을 하며 상반신을 드러낸 동영상을 찍어서 보내달라고까지 했습니다. 다행히 부모님에게 이 사실을 알려서 수사가 시작되었기에 더 큰 피해는 막을 수 있었지만 만약 가해자를 직접 만나기까지 했다면 어떤 일이 일어났을지 생각만 해도 아찔해집니다.

또 한 가지 중요한 것은 범죄의 원인이 가해자에게 있다는 점을 명확히 인지하는 것입니다. 범죄의 원인을 피해자에게 돌리거나 비난하는 발언은 2차 가해를 하는 것과 같습니다. 범죄 피해로부터 자신을 보호하는 것도 중요하지만, 동시에 디지털 성범죄에 대한 잘못된 인식으로 나도 모르는 새 가해자가 될 수 있다는 사실을 아는 것도 필요합니다. 디지털 성범죄는 단순히 '범죄자'들만의 전유물이 아니라, 성평등 감수성을 갖추지 못하고 사람에 대한 존중과 인권의식을 적극적으로 기르지 못한 '보통 사람'들도 저지를 수 있는 것이기 때문입니다.

다양한 사이트와 앱 등 온라인에서 불특정 다수와 만나는 통로가 많아지면서 내가 잘못하지 않아도 범죄에 휘말릴 확률이 높아졌습니다. 그러나 위험하다고 해서 스마트폰을 쓰지 않거나 인터넷에 접속하지 않는 극단적인 방법을 쓸 수는 없지요. 게다가 청소년 시기는 그 어느 때보다 호기심이 높아지는 때입니다. 새로운 사람을 만나고 싶은 마음도 생기고 친구들을 따라 비슷한 행동을 하고 싶기도 하지요. 다만, 이런 경우 충분히 위험한 요소가 있다는 것을 인지하고 대응책을 알아두어야 합니다. 위험한 상황에 빠져도 적극적으로 해결하려는 의지가 있으면 피해를 최소한으로 줄일 수 있으니까요. 위험에 빠진 친구가 있다면 도움을 줄 수도 있겠지요. 범죄행위에 대한 우리 모두의 적극적인 태도가 그 어느 때보다 필요한 시기입니다.

★ 서울디지털성범죄 안심지원센터(www.onseoulsafe.kr)는 지지동반자를 통한 온·오프라인 긴급 상담부터 고소장 작성, 경찰서 진술지원, 법률 및 소송지원, 심리상담에 이르기까지 전 과정 지원은 물론 영상물 삭제까지 원 스톱으로 지원하고 있습니다.
평일 02-815-0382/휴일 및 야간 02-1366
이메일상담 8150382@seoulwomen.or.kr/카카오톡 지지동반자 0382

최소한의 심리학

03 친구에게 지속적인 괴롭힘을 당해왔다면

학교 폭력에서 벗어나는 법

☐	친구의 학용품을 빌린 후 망가뜨리는 행동
☐	장난으로 수업 시간에 졸고 있는 친구의 모습을 사진으로 찍는 행동
☐	가위바위보 등 내기를 하고는 딱밤을 때리거나 심부름을 시키는 행동
☐	친구를 깜짝 놀라게 해줄 계획으로 친구의 가방을 다른 반에 숨겨두는 행동
☐	조별 과제를 준비하는 과정에서 잘하는 친구에게 자료와 발표 준비를 모두 맡기는 행동
☐	귀엽다며 한 번씩 볼을 꼬집고, 다른 친구들에게도 볼살을 만져보라고 권유하는 행동

앞에서 제시된 내용 중 학교 폭력에 해당되는 행동은 어떤 것일까요? 여기서 '학교 폭력'이란 학교 안과 밖에서 학생을 대상으로 행해지는 신체적·정신적 피해를 주는 행위를 뜻하며, 재산상의 피

해를 주는 것도 포함하는 모든 행위를 말합니다.

학교 폭력의 유형은 고의적으로 상대방의 신체에 해를 가하는 신체폭력, 욕설과 같이 말로 위협을 하는 언어폭력, 돈이나 물건을 빼앗는 등 재산상의 피해를 주는 금품갈취, 고의적으로 무시하거나 따돌림을 부추기는 행위, 신체적·언어적 성폭력으로 구분됩니다. 그리고 이러한 학교 폭력의 유형이 SNS나 인터넷 사이트에서 이루어질 경우 사이버 폭력에 해당됩니다.

최근 사이버 폭력의 유형을 보면 SNS와 관련한 문제가 많은데요. 자신의 SNS에 상대방을 저격하는 글을 올리거나 확실하지 않은 내용을 유포하는 등 온라인을 통해 학교 폭력이 이루어지고 있습니다. 특히 온라인을 통한 학교 폭력은 불특정 다수에게 정보가 쉽게 노출되고, 빠르게 확산되기 때문에 피해자가 입게 되는 피해 수준도 매우 높고, 지속적일 수 있어요.

학교 폭력은 어떤 폭력적인 행동이나 피해가 눈으로 확인이 가능할 때만 인정되는 것이 아닙니다. 상대방이 원하지 않는 행동을 강요하거나 불편감을 느낄 때도 폭력이 될 수 있어요. 장난으로 하는 행동이 누군가에게는 수치심이나 공포를 느끼게 할 수 있기 때문에 어떠한 이유로도 상대방이 원하지 않는 행위를 하는 것을 금지해야 합니다. 다시 말해, 위에서 제시된 행동은 모두 학교 폭력에 해당되는 거죠.

학교 폭력과 관련된 일에는 가해자와 피해자 모두가 존재할 수밖에 없는데요. 직접적으로 친구를 괴롭히지는 않았더라도 가해자의 행동에 동조하고 방관했다면 간접적으로 가해 행동에 가담한 것일 수 있습니다.

친구의 사진을 단체 대화방에서 돌려보고, 이를 다른 단체 대화방에 전달하는 행동 역시 사이버 폭력입니다. 이런 행동만으로도 학교 폭력의 가해자가 될 수 있습니다. 그냥 재미로 남들도 다 하기에 따라했다고 하지만, 누군가에게는 지울 수 없는 고통이 될 수 있기 때문에 장난으로 하는 행동 하나에도 상대방의 입장을 생각해 볼 필요가 있겠죠. 장난의 대상이 나라면 어땠을지 생각해본다면 결코 유쾌한 일이 아니라는 건 잘 알 수 있을 거예요. 다른 사람이 원하지 않는 장난이나 행동을 그저 재미 혹은 별일 아닌 것으로 여기고 있나요? 그렇다면, 그 장난의 대상이 언제든 내가 될 수 있다는 것을 잊지 않았으면 합니다.

학교 폭력은 목격하고도 적극적으로 대처하거나 막는 것이 어려운 경우가 많습니다. 대부분 '누군가 알아서 하겠지.'라며 나와는 상관없는 일이라고 생각하게 되기 때문인데요. 이러한 현상은 학교 폭력에서 뿐만 아니라 일상생활에서도 쉽게 경험할 수 있습니다. 이를 '방관자 효과(Bystander effect)'라고 합니다. 다수의 사람들이 함께 있는 경우 누군가는 문제 상황을 처리할 것이라는 생각에 적극적으로 문제 해결에 나서지 않는 행동을 일컫는 말이죠. 자신과 관련이 없는 일인 경우 주변에서 벌어지는 일을 주의 깊게 살펴볼 필요를 느끼지 못하기 때문입니다.

종종 자신이 하는 행동이 학교 폭력이라고 생각하지 못하고 행동하는 경우가 있는데요. 특히 따돌림의 문제가 그렇습니다. 별생각 없이 친구를 따돌리거나 무시하는 행동을 하게 되는 경우가 많죠. 그 친구와 내가 다툰 것도 아니고, 그 친구 때문에 내가 피해를 입은 것도 아닌데 대다수의 친구들이 하는 행동을 별생각 없이 따라 하게 됩니다. 이렇듯 집단의 규범을 자연스럽게 따르는 경향을 '동조(Conformity)'라고 합니다. 동조현상은 집단이 가진 압력에 의해 집단의 규범을 따르고 행동하는 경향을 보이는 것을 말합니다. 자신의 의견이 옳다고 생각해도, 다수의 의견을 따르게 되는 거죠.

방관하는 태도나 동조하는 행동은 꼭 도덕적인 문제가 있는 개인에게 나타나는 현상이 아닙니다. 보통의 사람들에게 일반적으로 나타나는 행동특성입니다. 특히 학교라는 집단과 또래 중심의 문화에서는 집단의 규범을 따르는 것이 더욱 중요하게 여겨질 수 있겠죠. 그래서 모두가 하는 행동을 반대하거나 다른 의견을 내는 것에 더 큰 용기가 필요하다는 것을 잘 알고 있어요. 괜히 나에게 피해가 오지는 않을까 하는 걱정과 불안이 있을 수 있고요. 하지만 장난일 뿐이라며 무심코 한 행동이, 누군가에게는 평생토록 지우지 못할 상처가 될 수 있다는 것을 알아야 할 필요가 있습니다.

학교 폭력을 당하는 친구들의 경우 나에게 문제가 있어서 이런 일을 당하는 건 아닌가 하는 생각을 하게 된다고 해요. 학급에서 무시를 당하거나 사이버상에서 놀림을 당하는 등 다수의 친구들이 저지르는 집단 행동에 저항하지 못할 때 자신을 탓하며 스스로 비난하게 되는 것이죠.

한 명 또는 여러 명으로부터 지속적인 괴롭힘을 당하고 있다는 생각이 든다면 혼자 고민하지 말고, 적극적으로 도움을 요청하세요. 방관자 효과로 설명했듯이 타인은 자신과 관계없는 일에 특별히 관심을 두지 않기 때문에 나의 피해 정도를 잘 모르고 있을 수 있어요. 그리고 많은 사람들이 자신이 어떤 문제 행동을 하고 있는지 알지 못한 채 집단 분위기에 휩쓸려 누군가에게 상처를 주기도 합니다. 이제는 그 행동을 멈추게 해야 합니다. 나를 지키는 것, 남을 지키는 것 모두 '나'로부터 시작할 수 있습니다.

★ 학교 폭력과 관련해 24시간 전화상담(117)이 가능합니다. 주변에 도움을 요청하기 어렵다면 전화상담으로 문제 해결을 위한 방법을 도움받을 수 있습니다.

이 세상에서 사라지고 싶을 때

절망의 순간에 희망을 찾는 법

"요즘 친구들과 있으면 마음이 불편해요. 나만 뒤처지는 것 같고, 그냥 자꾸 피하게 돼요. 며칠 동안 잠도 못 잤어요. 머리도 멍하고 몸도 축 늘어지고요. 가족하고 있어도 같이 웃기 싫어요. 내가 없어도 다들 행복하게 잘 살 것 같아요."

가끔 이런 생각이 들 때가 있지요? 때로는 과도한 스트레스로 인해 아무것도 할 수 없을 것 같다는 절망감도 들고요. 자신이 세운 목표에 도달할 수 없다는 생각에 빠지면 다른 방법을 찾을 수 없을 정도로 좌절감을 느끼기도 하지요. 심리적 고통을 경험할 때 우리는 함정에 빠진 것처럼 아무것도 할 수 없는 무기력감을 느끼는 것 같아요. 자신과 관련된 문제들을 끊임없이 생각하며 고민의

웅덩이에서 빠져나가지 못할 것만 같지요.

여러분도 일상생활에서 해결해야 할 문제가 생겨 고민에 빠져본 경험이 있을 거예요. 고민이 생겼다고 해서 모두가 심리적인 고통을 경험하는 건 아니지만 주변에 도움을 청하지 못하고 스스로의 문제에 갇히게 되면 해결을 위한 방향을 잃게 됩니다. 이처럼 심리적 스트레스가 과도한 상황에서는 신경이 예민해지면서 심리적 문제만이 아닌 신체적인 문제도 나타날 수 있어요.

특히 기본적으로 유지되어 온 식습관, 수면 시간 등이 무너지는 건 정신적 스트레스에 빠진 사람들이 보이는 흔한 문제 중 하나입니다. 일상생활의 리듬이 깨지게 되면서 다양한 신체 증상이 나타날 수 있는데, 마치 공포를 경험하고 있는 것과 같은 기분을 느낀다고 해요. 몸을 통해 느껴지는 불안감 때문에 더욱 자신의 문제를 해결하기 어렵다고 생각할 수밖에 없게 되는 거죠.

충격적인 일을 경험했을 때 우리는 정신적 고통에 빠지게 됩니다. 소중한 사람을 잃는 경험이나 신체적 또는 정신적으로 외상을 입는 경험은 감당하기에 너무 큰 사건으로 다가올 수밖에 없을 거예요. 이런 경험은 자신에 대한 신념을 무너트리고, 자신을 둘러싼 환경을 믿을 수 없게 만들어 감당할 수 없는 고통을 불러옵니다. 특히 혼자 남겨진 것 같은 느낌은 우리를 더욱 큰 절망감으로 몰고 가기도 합니다. 마치 헤어 나올 수 없는 덫에 빠진 것처럼 혼자 문제를 해결하기란 정말 어려울 수 있어요.

　　스스로 도움을 요청할 수 있는 상태가 아닌 사람들은 극단적인 방법을 해결책으로 선택할 가능성이 높아요. 때문에 우리는 주변의 경고 신호를 잘 알아차릴 필요가 있습니다. 어쩌면 우리 주변의 가까운 사람들이 경고 신호를 보내고 있는데 그 신호를 잘 알아채지 못하고 흘려 넘길 때가 많을지도 모릅니다.

　　다음은 자살을 생각하거나 자살을 시도하려는 사람들이 흔히 보이는 행동입니다. 그들의 경고신호를 잘 알아차리고 있다면 도움을 줄 수 있겠지요.

☐	감정 상태의 변화가 있다.
☐	수면, 식사 상태의 변화가 있다.
☐	죽음과 관련한 이야기를 자주 언급한다.
☐	자신의 주변을 정리하는 태도를 보인다.
☐	무기력해지고, 사람들을 만나기를 꺼려한다.
☐	흥미를 잃고 그동안 잘 해왔던 일을 힘들어한다.
☐	충동적이고 공격적인 태도를 보인다.

　　가장 대표적으로 감정 상태의 변화와 신체적인 증상이 나타날 가능성이 높습니다. 우울함이나 무기력감, 불안감 등 정서

적으로 불안정한 상태를 보입니다. 신체적인 증상으로는 수면 문제와 식습관의 문제가 나타납니다. 불면증으로 잠을 제대로 자지 못해 늘 피로감을 호소하고, 식사를 불규칙적으로 하는 등 기본적인 일상생활도 힘들어하는 모습을 볼 수 있습니다. 죽음이나 자살과 관련된 주제에 대해 주변 사람들에게 이야기를 꺼내는 등 삶과 죽음에 대한 언급이 자주 있을 수 있어요.

이러한 상태에서는 인지적, 정서적으로 불안정하기 때문에 어떤 일을 할 때 충동적인 모습을 보이거나 공격적인 태도가 나타나기도 합니다. 이럴 때 신호를 알아차리면 그들에게 도움을 줄 수 있는데요. 이런 역할을 하는 사람을 '게이트키퍼(Gatekeeper)'라고 합니다. 단어 뜻 그대로 '수문장, 문지기'라는 의미로, '누군가를 지키는 사람'이라는 뜻을 가지고 있어요.

죽음까지 생각하게 될 정도로 더 이상 자신에게는 방법이 없다고 생각하고 있을 때, 누군가의 알아차림이 정말 중요합니다. 이때의 도움은 문제 해결을 위한 직접적인 도움일 수도 있지만 그들에게 가장 절실한 것은 위로일 수 있어요. 그리고 함께 문제를 해결해 보자며 마음의 의지처가 되어주는 것도 큰 도움이 될 수 있고요.

자살을 생각할 만큼 힘든 시간을 보낸 사람들에게 힘든 시기에 가장 도움이 되었던 것이 무엇이었는지 물어보면 주변 사람들의 지지와 도움이었다고 해요. 그만큼 주변 사람들의 관심이 가장 중요하다는 것을 알 수 있어요. 그리고 그들에게 직접적으로 질문하고 확인하는 것도 필요합니다. 그 질문은 아주 구체적일수록 좋습니다.

> "자살을 생각하고 있어?"

> "혹시 자살하려고 계획을 세웠니?"

> "얼마나 자주 죽음을 생각하고 있어?"

이렇게 구체적으로 죽음과 자살에 대한 생각을 물어볼 필요가 있어요. 이 과정은 자살을 생각하고 있는 사람의 긴장되고 불안한 마음을 다소 진정시키는 효과가 있고, 자살 위험성을 살펴 위험을 예방할 수도 있기 때문입니다.

하나 더 중요한 것은 위의 경고신호를 발견했다면 반드시 주변 사람들에게 알리는 것이 필요합니다. 우리끼리의 비밀 이야기가 되어서는 안 됩니다. 도움을 받을 수 있는 부모님, 선생님, 주위의 어른들에게 이러한 상황을 알리고 지속적인 관심을 가질 수 있도록 하는 것도 아주 중요해요.

혼자 문제를 해결해 보겠다며 앞이 잘 보이지 않는 동굴로 들어가지 않았으면 해요. 미래가 보이지 않아, 희망이 없을 것이라고 생각했을 때 누군가가 여러분에게 길을 보여줄 수 있다는 것을 잊지 않았으면 해요. 그리고 우리가 좀 더 예민하게 내 주변의 사람들이 보내는 경고신호를 잘 알아차리고 그들에게 새로운 길을 보여주는 '희망의 문지기'가 되어 주면 좋겠습니다.

★ 도움이 필요할 땐 24시간 운영되는 청소년상담 1388로 전화하세요.

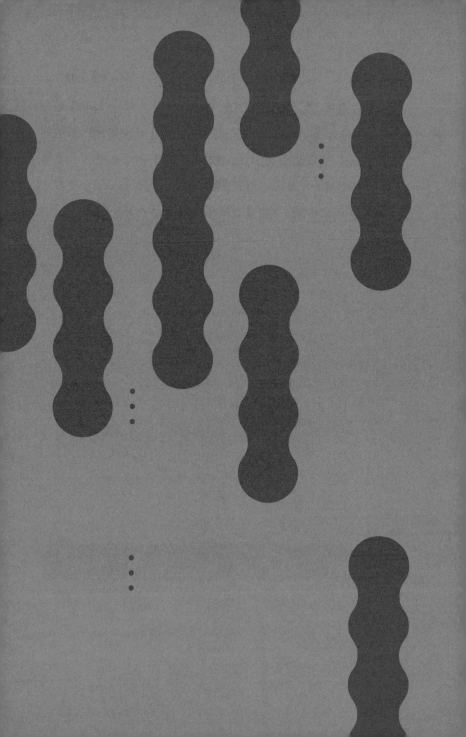

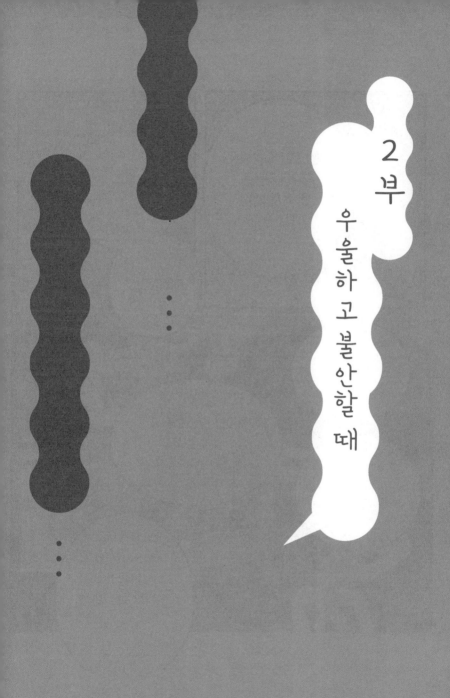

2부

우울하고 불안할 때

05 아무것도 안 하고 누워만 있고 싶어

우울감에서 벗어나는 법

아침에 눈을 떠도 꼼짝하기 싫은 날이 매일 반복되고 있나요? 공부가 손에 안 잡히고, 친한 친구들과 대화하는 것도 귀찮게 느껴지고, 심지어 좋아하는 간식을 봐도 먹고 싶다는 생각이 들지 않나요? 온종일 방안에 틀어박혀 있고만 싶고, 가만히 누워 있을 때조차 무거운 이불을 뒤집어쓴 듯 갑갑하고 우울한 기분이 여러분을 덮쳐오나요?

'어? 이거 전부 내 얘긴데? 나 혹시 무슨 문제가 있는 건가?'

이런 생각이 든다면 아래 체크리스트에 솔직하게 답한 후, 문항들의 점수를 합해보세요.

지난 일주일간 나는…	1일 이하	1~2 일	3~4 일	5일 이상
평소에는 아무렇지도 않던 일들이 귀찮게 느껴졌다.	0	1	2	3
아무것도 먹고 싶지 않았다, 입맛이 없었다.	0	1	2	3
가족이나 친구가 도와주더라도 울적한 기분을 떨칠 수 없었다.	0	1	2	3
다른 사람들만큼 능력이 있다고 느꼈다.	3	2	1	0
무슨 일을 하든 정신을 집중하기가 힘들었다.	0	1	2	3
우울했다.	0	1	2	3
하는 일마다 힘들게 느껴졌다.	0	1	2	3
나의 미래가 암담하게 느껴졌다.	0	1	2	3
내 인생은 실패작이라는 생각이 들었다.	0	1	2	3
두려움을 느꼈다.	0	1	2	3
잠을 설쳤다, 잠을 잘 이루지 못했다.	0	1	2	3
행복했다.	3	2	1	0
평소보다 말을 적게 했다, 말수가 줄었다.	0	1	2	3
세상에 홀로 있는 듯한 외로움을 느꼈다.	0	1	2	3
사람들이 나에게 차갑게 대하는 것 같았다.	0	1	2	3
생활이 즐거웠다.	3	2	1	0
갑자기 울음이 나왔다.	0	1	2	3
슬픔을 느꼈다.	0	1	2	3
사람들이 나를 싫어하는 것 같았다.	0	1	2	3
도무지 무엇을 시작할 기운이 나지 않았다.	0	1	2	3
합계				점

<통합적 한국판 우울 척도 CES-D>

최소한의 심리학

체크한 문항의 점수 합이 21점 미만이라면 별일 없이 잘 지내고 있는 상태입니다. 반대로 점수 합이 21점 이상이라면 여러분은 현재 '우울한 상태'일 수 있습니다. 그렇다고 해서 '혹시 심각한 우울증이면 어쩌지?'라며 지레 겁먹을 필요는 없습니다. 우울한 기분이 든다고 해서 모두 우울증인 건 아닐뿐더러, 우울은 누구나 겪을 수 있는 일시적인 감정이니 말입니다.

그런데 우리는 왜 우울해지는 걸까요? 미국의 심리학자 아론 벡(Aaron Beck)도 이런 의문을 품었습니다. 그는 우울한 사람들을 관찰하고 연구한 끝에 그들이 가진 공통점을 하나 발견했습니다. 그건 바로, 우울한 사람들이 '부정적인 생각'을 많이 한다는 것이었습니다. 특히 '자기', '세상(타인)', '미래' 이렇게 세 가지 주제에 대한 부정적인 생각들이었다고 합니다. 벡은 이 세 가지 주제를 가리켜 '인지삼제'라고 불렀습니다. 예를 들어볼까요?

1. 자신에 대한 부정적인 생각: "나는 외모도 별로고 성적도 안 좋은데 이런 나를 누가 좋아하겠어?"
2. 세상에 대한 부정적인 생각: "어차피 세상은 불공평하고 사람들은 이기적이야. 애초에 기대를 말아야지."
3. 미래에 대한 부정적인 생각: "내 인생은 이미 망했어. 어차피 노력해봐야 달라지는 것도 없을 텐데 뭐."

이처럼 자신과 세상과 미래에 대해 하루에도 몇 번씩 부정적인 생각을 한다면 어떻게 될까요? 눈에 보이는 모든 게 마음에 들지 않을 겁니다. 불쾌하고 성난 듯한 기분에 사로잡히게 되겠죠. 점점 아무것도 하고 싶지 않아지고, 노력할 의지도 사라지며, 친구들과의 사이도 멀어지게 될 겁니다. 그저 '생각'에 불과하던 부정적인 상상들이 급기야 현실로 나타나기 시작하는 거죠. 없던 우울증도 생길 지경일 텐데요. 이런 부정적인 생각에서 벗어나려면 어떻게 해야 할까요?

앞서 우울한 사람들은 자기, 세상(타인), 미래에 대해 부정적인 생각을 많이 한다고 이야기했습니다. 그러니, 그것을 벗어나려면 거꾸로 해보면 되겠지요? 부정적인 생각을 의식적으로 긍정적인 방향으로 바꿔보는 겁니다. 자신의 좋은 점을 떠올려 보고, 세상과 미래에 대한 희망적인 점을 생각해 보는 거죠. 바로 이렇게 말입니다.

1. 자신에 대한 긍정적인 생각: "장점이 없는 사람은 없댔어. 나도 그래. 나는 친구들을 자주 웃겨주는 장점이 있잖아?"
2. 세상에 대한 긍정적인 생각: "세상이 항상 내 마음대로 되는 건 아니지만, 나한테는 좋은 친구들이 있어."

3. 미래에 대한 긍정적인 생각: "어떤 일이든 최선을 다
   해 노력하면 원하는 미래가 펼쳐질 거야."

부정적인 생각을 애써 긍정적인 방향으로 바꿔주다 보
면, 어느새 자연스럽게 긍정적인 생각부터 하게 되는 자신을 발
견할 수 있을 거예요. 혹시 방금, '내가 그걸 할 수 있겠어?'라고
생각하지 않았나요? 괜찮습니다. 곧장 이렇게 바꿔 생각하면 되
니까요.

'나는 충분히 할 수 있어!'

마음속으로 생각해도 좋고, 소리 내어 외쳐도 좋아요.
긍정적으로 생각하면 행복한 기분이 따라오고, 행복감을 느끼면
우울감은 어느새 사라질 거예요. 자기, 세상, 미래에 대해 긍정적
인 생각을 많이 할수록 여러분의 현실도 긍정적으로 바뀌어 갈 것
입니다.

06 꼬리에 꼬리를 무는 걱정

부정적인 생각을 멈추는 법

실험을 하나 해보겠습니다. 지금부터 여러분들은 실험 참가자가 될 것입니다. 방법은 간단합니다. 아래 지시사항에 따라 그대로 해보는 겁니다. 한 가지 명심할 것은 지시사항 외에 다른 행동을 해서는 안 된다는 겁니다. 시작해 볼까요?

> "지금부터 1분 동안 '흰곰'을 절대 생각하지 마세요.
> 흰곰이 생각날 때마다 손뼉을 한 번 치세요."

몇 번이나 손뼉을 쳤나요? 1분 동안 '흰곰'을 단 한 번도 생각하지 않을 수 있었나요? 혹시, 계속해서 흰곰이 떠오르는 통에 쉴 새 없이 손뼉을 쳐야 하진 않았나요? 흰곰을 생각하지 않으려고 할수록 흰곰이 더 명확하게 떠올랐다면, 여러분들은 이 실험의 취지를 정확하게 경험한 것입니다!

최소한의 심리학

"이게 도대체 무슨 소리죠? 손뼉을 잔뜩 쳤는데
실험을 제대로 했다뇨!"

자, 하나하나 천천히 설명해 보겠습니다. 방금 여러분이 참여했던 실험은 1987년, 하버드 대학의 다니엘 웨그너(Daniel M. Wegner)라는 심리학자가 고안한 것입니다. 그는 자신이 가르치는 학생들을 두 그룹으로 나누었습니다. 한 그룹에는 "흰곰을 생각하지 말라."라고 주문하고, 다른 그룹에는 "흰곰을 생각하라."라고 이야기했습니다. 모든 그룹에게 흰곰이 떠오를 때마다 종을 치라고 시켰지요. 어떤 그룹에서 종을 더 많이 울렸을까요?

여러분들이 그랬듯, "흰곰을 생각하지 말라."고 주문한 그룹에서 종을 더 많이 울렸습니다. 이를 '반동 효과(Rebound effect)'라고 합니다. 생각을 억제하려고 할수록 오히려 그 생각이 더 명확하게 떠오르는 현상을 '반동'이라는 단어로 정리한 것입니다.

이런 '반동 효과'는 일상에서도 어렵지 않게 찾아볼 수 있습니다. 일례로, '수능 금지곡'이 반동 효과에 해당합니다. 매년 수능 때가 되면 학생들 사이에서는 '올해의 수능 금지곡'이 무엇인지 갑론을박이 벌어집니다. 주로 귀에 팍 꽂히는 멜로디가 반복되어, 뇌리에 남는 곡이 뽑히곤 하지요. 잔뜩 긴장한 상태로 수능 시험을 보다가 문득, 귓가에 그 멜로디와 가사가 울리는듯할 때가 있습니다. 그 소리를 떠올리지 않으려고 할수록 점점 더 멜로디가 확실하게 떠오르지요. 그래서, 아예 '금지곡'으로 지정하자는 것이죠.

또 다른 예는 무엇이 있을까요? 아마 평소 걱정이 많은 친구들이라면 공감할 텐데요. 걱정이 꼬리에 꼬리를 물고 떠오르는 것도 반동 효과로 설명할 수 있습니다. 한번 걱정을 시작하면 불안하고 기분만 안 좋아집니다. 그런데, 도리질을 치며 걱정을 잊으려고 할수록 오히려 걱정거리들이 더 떠오릅니다. 마치 '수능 금지곡'의 멜로디처럼 귓가에 이런 말들이 울리는 것이죠.

'이러다 내 인생이 아무짝에도 쓸모 없어지면 어쩌지?'
'친구들이 모두 나를 미워하면 어쩌지?'
'열심히 노력해도 원하는 결과를 얻지 못하면 어쩌지?'

이런 걱정들이 계속해서 머릿속을 맴돈다면 얼마나 괴로울까요? 걱정을 쫓아내려 할수록 그 힘만 더욱 강해질 테니 괴로움은 더욱 쌓여갈 것입니다. 어쩌면, 아침에 일어나서부터 잠들기 전까지 단 한순간도 즐겁거나 마음 편하다고 느끼지 못할 수도 있겠죠.

"혹시 제 마음속을 엿보신 건 아닌가요? 너무 제 얘기인데요!"

　　이런 생각이 들었다면, 일단 걱정은 그대로 두고 심호흡을 한번 해볼까요? 그리고 왜 이런 훼방꾼들이 자꾸만 여러분의 머릿속과 마음속을 헤집고 다니는지 그 이유를 한번 알아보도록 하지요.

　　'걱정'은 불확실한 미래가 잘못될지도 모른다고 예상하는 마음 상태를 말합니다. '잘못될지도 모른다.'라는 생각 때문에, 걱정하는 동안 우리의 마음은 괴롭습니다. 그렇지만, 사실 걱정은 우리를 안전하게 지키는 방법이기도 합니다. 알 수 없는 미래를 미리 대비할 수 있도록 도와주기 때문이지요. 미래에 안 좋은 일이 일어날지 모른다는 생각이 들면, 아무래도 그런 일이 일어나지 않도록 무엇이라도 대비하려 할 테니까요.

　　어쨌든 과한 것은 부족한 것만 못하다 하지요. 걱정이 과해 마음이 지옥 같다면 이제 걱정을 멈출 때입니다. 어떻게 하면 꼬리에 꼬리를 무는 걱정의 고리를 끊어버릴 수 있을까요?

　　'흰곰 실험'으로 다시 돌아가 보겠습니다. 흰곰을 생각하지 말라고 했던 그룹보다 흰곰을 생각하라고 했던 그룹에서 종을 덜 쳤다는 실험 결과가 있었지요. 걱정도 마찬가지입니다. 걱정거리를 떠올리지 말자고 생각할수록 걱정은 더 선명하게 떠오릅니다.

반대로 걱정거리를 대놓고 생각하면 어떻게 될까요? 대신 걱정을 위해 '시간'과 '장소'를 정해두는 거예요. '걱정 타임', '걱정 공간'을 만드는 것이죠. 이를테면 쉬는 시간 딱 10분 동안만 학교 화장실 칸에 들어가서 걱정거리를 실컷 떠올리는 방법이 있겠지요. 시간과 공간을 정하는 게 여의치 않다면 작은 인형을 하나 구해서 '걱정 인형'으로 임명해 줍시다. 그 인형이 여러분을 대신해 걱정할 수 있도록 말이죠.

또 다른 방법으로는 '걱정 일기'를 써보는 것이 있습니다. 여러분이 걱정하고 있는 것들을 일기에 차근차근 써보는 거예요. 생각이나 마음을 글로 쓰다 보면 그 자체만으로도 한결 정돈되는 느낌을 받을 수 있답니다. 또, 여러분이 걱정해온 것들이 의외로 별것이 아니라는 걸 알게 될 수도 있습니다. 걱정거리에 대해 차근차근 써 내려가다 보면, 여러분의 걱정이 정말 일어날 가능성이 있는 일인지, 혹은 그렇지 않은 일인지 자연스레 따져보게 될 테니까요. 그것도 아주 객관적인 시선에서 말이지요.

나의 마음이나 생각을 제3자의 입장에서 객관적으로 바라보는 것을 '벽에 붙은 파리 효과'라고 합니다. 미국의 심리학자인 오즈렘 에이덕(Ozlem Ayduk)과 이선 크로스(Ethan Kross)가 했던 실험을 통해 확인된 효과인데요. 실험 참가자들을 두 그룹으로 나눠, 자기가 과거에 실패했던 경험을 떠올려 보게 했습니다.

최소한의 심리학

한 그룹은 '1인칭 시점'에서 자신의 실패를 떠올리도록 했고, 다른 그룹은 다른 사람이 실패한 걸 목격하는 것처럼 '3인칭 시점'에서 객관적으로 바라보도록 했습니다.

그 결과, 1인칭 시점에서 자신의 실패를 떠올린 사람들이 느낀 불쾌감이 훨씬 큰 걸로 드러났습니다. 자기가 예전에 실패했던 경험을 되돌아보는 건 두 그룹 모두 같았지만, '나의 일'이라고 생각할 때와 '남의 일'이라고 생각하고 떠올렸을 때 확연히 다른 결과를 낳은 것이죠.

그러니 근심 걱정이 여러분을 떠나지 않는다면 그 걱정을 '벽에 붙은 파리'를 바라보듯 밀러서 한번 바라보세요. 나와 걱정과 '거리두기'만 했을 뿐인데도 걱정이 더 이상 걱정이 되지 않는 경험을 하게 될 것입니다. 걱정의 크기가 마치 '파리' 크기만 해 보일지도요. 끊임없이 떠오르는 걱정 때문에 걱정이라면, 차라리 이제부터 마음 놓고 걱정해 보면 어떨까요? 여러분 머릿속의 '흰곰'은 빨리 내쫓아버리려고 할수록 몸집만 더 커진 채 여러분을 떠나지 않을 테니 말입니다.

이 나만 빼고 다 잘난 것 같을 때

열등감을 극복하는 법

상담실에 찾아온 고등학생과 이야기하던 중 〈스트릿댄스 걸스 파이터〉라는 프로그램이 화제에 올랐습니다. 여고생 댄스 크루들끼리 경쟁하며 최고의 크루를 뽑는 프로그램이었죠. 출연한 댄서들 모두 춤도 잘 추고 자신감도 높아 보였습니다. 그 학생은, 어려운 미션도 척척해나가는 또래들의 모습을 보면서 감탄하는 동시에 이런 생각이 들었다고 합니다.

'재들이랑 비교하면 나는 뭐지?'

댄서들과 같은 나이인데 자신은 춤은커녕 특기도 없고 취미도 없다고 했습니다. 장기자랑 시간에 누가 이름이라도 부를세라 최대한 뒤로 빠져 있고, 다른 친구들처럼 자신 있게 꿈을 말

최소한의 심리학

하지도 못한다고 했습니다. 꿈은 차치하고 당장 뭘 하고 싶은지도 모르겠다고요.

"외모도 성적도 잘난 게 하나도 없어요. 전 왜 이렇게 태어난 걸까요?"

여러분도 한 번쯤 이런 생각을 해본 적 있지요? 나만 빼고 세상 모든 사람이 빛나고 자신감 넘치는 것 같다고 말이죠. 재능도 없고 소심하고 모자란 건, 오로지 나! 나 혼자인 것만 같다고요. 남들과 비교해 나만 부족하다는 느낌이 파도처럼 몰려올 때가 있습니다.

우리는 이것을 '열등감'이라고 부릅니다. 사실, 거의 모든 이들은 크고 작게 열등감을 느끼며 살아갑니다. 나보다 무언가를 더 잘하거나 더 많이 가진 사람은 항상 있기 마련이니까요. 게다가 열등감을 극복하려고 더 많이 노력하게 되기도 하니, 열등감 자체가 무조건 나쁜 것만은 아닙니다. 하지만 열등감을 강도 높게, 지속적으로 느낄 땐 문제가 생깁니다. 충분히 할 수 있는 일인데요. '난 못 할 거야.', '분명히 실패할 거야.', '비웃음만 당할 거야.'라고 지레 겁을 먹고 시도하지 않거나 밀려드는 열등감을 폭발시키며 다른 사람들에게 '열폭'할 수 있기 때문입니다.

그렇다면, 이렇게나 우리를 고통스럽게 만드는 열등감에는 왜 빠져들게 되는 걸까요? 열등감을 느끼는 원인은 다양합니다. 남들보다 부족한 점이 확인될 때 열등감이 자극되기 쉽습니다. 특히, 적은 노력으로 당장 바꿀 수 없는 것들이라면 더욱 그렇지요. 외모, 재산, 운동 능력이나 재능 등은 대개 선천적으로 타고난 것일 때가 많습니다. 갖고 싶지만 갖기 어려운 것을 가진 사람들을 보며 우리는 열등감을 느끼곤 합니다.

그렇다고 해서 꼭 비교 대상이 있어야만 열등감을 느끼는 건 아닙니다. 열등감은 '이상'과 '현실'의 격차가 크게 벌어질 때 생겨나기도 합니다. 스스로 정해둔 이상적인 모습과 현재 자신의 상태가 일치하지 않을 때, 특히 '이상'이 너무 높을 때 열등감에 빠져들기 쉽습니다. 예를 들어볼까요? 여러분이 그리는 '이상적인 외모'가 어느 아이돌 그룹 멤버의 것이라고 가정해 봅시다. 하얀 피부, 크고 뚜렷한 눈, 커다란 키, 가는 팔과 다리 등을 갖추는 것이 이상적이라고 생각한다면, 평범한 자신의 외모를 인정하고 사랑하기 어려울 수 있겠지요. 그럭저럭 괜찮은 외모를 가지고 있다 해도, 이상이 너무 높다면 늘 열등감에 시달릴 수밖에 없을 것입니다.

열등감에 오래도록 휩싸여 있다 보면 친구가 가볍게 던진 농담에도 화를 벌컥 내기 쉽습니다. 과도한 열등감은 '지뢰

밭'과 같아서 별다른 의도가 없는 말에도 쉽게 자극되고 폭발하기 때문입니다. 반대로 사소한 자랑거리도 과도하게 포장했다가 주변의 눈총을 살 수도 있습니다. 열등감을 숨기려고 우월감을 과하게 내세우다가 오히려 미움만 더 받는 꼴이 되는 것이죠. 열등감은 숨기려고 할수록 더 삐져나와, 우리 마음뿐만 아니라 주변 사람들과의 관계까지 '쑥대밭'으로 만들어 버립니다.

'나'와 '우리'를 모두 고통에 빠트리는 열등감. 그런데 이런 열등감에 대해 다른 생각을 가졌던 심리학자가 있었습니다. 바로, 오스트리아의 정신의학자 알프레드 아들러(Alfred Adler)입니다. 아들러는 열등감이 방해물이 아니라 성장의 계기가 될 수 있다고 여겼습니다. 왜냐하면 열등감을 성장의 동력으로 사용한 장본인이었기 때문입니다. 아들러는 어린 시절 병치레가 잦고 연약한 아이였지만 자신의 신체적 열등함을 극복하려고 부단히 노력했습니다. 신체의 한계를 여러 번 이겨내며 저명한 정신의학자로 거듭난 후, 그는 열등감을 긍정적인 것으로 바라볼 수 있게 되었습니다. 자신에게 부족한 것을 채우기 위해 노력하다 보면, 도리어 개성 있는 삶을 살 수 있다고 확신했죠.

잘난 사람이라고 해서 열등감을 절대 느끼지 않는 건 아니랍니다. 실제로 엄청나게 많은 이들의 환호를 받으며 화려한 삶을 사는 아이돌 스타조차 때로 '열등감'에 대해 고백하곤 하지요. 방탄소년단의 'RM'은 어느 TV 프로그램에 나와 이렇게 고백했습니다.

> "에미넴, 칸예 웨스트, 에픽하이 같은 힙합 우상들을 보고 자라며 '래퍼'의 꿈을 키웠어요. 그런데, 아무리 봐도 내가 그들보다 랩을 더 잘 만들 수 있을 것 같지 않았어요. BTS라는 팀 안에서 래퍼로 인기를 얻었는데, 굳이 솔로 래퍼로서 앨범을 내야 할까? 고민했죠. 그러다 결론을 내렸어요. 대단한 실력을 가진 가수들과는 또 다른, 나만의 '주파수'가 있다고요. 그 믿음 하나로 제 마음을 지키고 열등감을 극복할 수 있었어요."

전 세계적으로 이름을 드날리는 아이돌도 열등감을 경험한다는 사실이 조금 놀랍지 않나요? 열등감은 '부족함'에서 생겨나는 거라 믿었는데, 아이돌은 부족할 게 하나도 없어 보이니 말입니다. 하지만, 열등감에는 중요한 '비밀'이 하나 숨겨져 있습니다. 열등감을 느끼는 가장 핵심적인 이유는 '능력 부족'이나 '남들과의 비교' 같은 것들이 아니랍니다. 사실, 열등감을 느끼는 진짜 이유는 다름 아닌 '소망' 때문입니다.

열등감은 잘하고 싶고, 주목받고 싶고, 뛰어나고 싶은

소망을 강하게 가질 때 뒤따르는 마음입니다. 애초에 그런 소망이 없었다면 누군가와 자신을 비교하지도, 부족하다 느끼지도 않았을 것입니다. 그래서 "나는 너무 부족해.", "내 능력은 형편없어."와 같은 열등감의 표현들은 사실, "나는 그것을 정말 원해.", "나는 그걸 진짜 잘하고 싶어."라는 말과 다르지 않은 것이죠.

성적이 좋지 못하다는 열등감에 시달리고 있나요? 누구보다 좋은 성적을 얻고 싶은 열망을 품고 있군요. 남들보다 외모가 특출나지 못하다는 생각에 시달리고 있나요? 주변 사람들의 관심과 애정을 받고 싶은 마음이 크겠군요. 꿈이 뭔지도 모르겠고, 혼자만 뒤처진 느낌이 든다고요? 하고 싶은 일을 찾기만 한다면 그 누구보다 열심히 달릴 준비가 된 상태라는 의미입니다.

여러분 스스로를 '패배자', '능력 부족', '구제불능'이라고 여겨오진 않았나요? 열등감이 속삭이는 소리에 번번이 걸려 넘어졌던 건 아닐까요? 그렇다면, 이제 관점을 달리해보면 어떨까요? 열등감이 느껴질 때, 누구보다 강한 소망을 가진 상태라고 자기 자신을 인정하고 격려해 주는 거예요. 설령, 부족함을 확인하게 되더라도 언젠가 그것을 극복하고 소망을 이룰 날이 꼭 올 거라는 믿음을 갖는다면 더욱 좋겠지요. 우리 모두 우리만의 '주파수'를 가진 존재들이라는 걸 잊지 마세요. 여러분은 어떤 '주파수'를 세상에 들려주고 싶은가요?

08 내가 부끄럽게 느껴진다면

수치심에 빠지지 않고 나를 사랑하는 법

몇 년 전, 한 해가 끝나가는 12월 즈음 주변의 소개로 찾아온 학생이 있었습니다. 곧 고등학교 2학년이 되는데 학습에 대한 스트레스가 높고, 부모의 기대를 충족시키지 못할까 봐 불안하다는 이유에서였지요. 아이는 글을 쓰는 작가가 되고 싶었지만 부모는 의대에 가길 원했습니다. 부모가 의대 진학을 원할 만큼 학업성취도가 높았지만 정작 자신은 의사가 되는 일에 흥미가 없다고 했습니다. 그렇다고 자신의 의지를 관철시킬 용기도 없었지요.

> "엄마가 '안 돼'라고 말할 때마다 거부당하는 기분이
> 들어요."
> "남들에게 보이고 싶지 않은 문제점을 들키면 죽고 싶
> 어요."

남들이 보기엔 완벽하리만큼 모든 것을 가진 것처럼 보이는 아이는 자신이 보잘것없는 사람이고, 남들이 보는 나는 껍데기에 불과하며, 사실을 알고 나면 모두 자신에게서 등을 돌릴 것이라는 '수치심'에 시달리고 있었습니다.

수치심은 자신이 이룬 것과 상관없이 내면 깊숙한 곳에서 스스로를 비난하고 혐오하는 감정입니다. 스스로를 무가치하게 여기고 한없는 부끄러움을 느끼지요. 아무도 그러라고 하지 않았는데도, 마치 마음에 감옥을 만들어 자신을 가둔 것처럼 보이기도 합니다. 어디에도 속한다는 감정을 갖지 못하고 타인과 진정한 유대감을 느끼기도 어렵지요. 심리학자 브레네 브라운(Brené Brown) 박사는 수치심을 이렇게 정의했습니다.

> "수치심은 나에게 결점이 있어서 사람들에게 거부당하고 소속될 가치가 없다고 믿는 극도로 고통스러운 느낌이나 경험이다."

혹시 여러분도 수치심을 강하게 느껴본 적이 있나요? 다른 사람이 잘한다고 칭찬해도 스스로는 늘 부족하다고 여기나요? 남에게 칭찬을 받을 때도 자신은 못났다는 생각에 시달리거나, '내 존재 자체'가 문제라고 느끼진 않나요?

세상에 완벽한 사람은 없습니다. 우리는 어떤 식으로든 결함을 갖고 있지요. 누군가는 욱하는 성질이 있고, 누군가는 실수를 자주 하고, 누군가는 지나치게 수줍음이 많고, 누군가는 말을 잘 못합니다. 그래도 치명적인 단점이 아니라면 자신만의 강점을 발휘하며 세상을 살아나갑니다. 그런데 수치심을 강하게 느끼는 사람은 자신이 완벽하지 못하다고 생각해 부끄러움을 느낍니다. 자기 생각을 당당하게 말하지 못하고, 실수를 하느니 차라리 입을 다무는 것이 낫다고 여기지요.

수치심은 잘못된 점을 배우고 부족한 점을 개선하는 노력을 마비시킵니다. 모든 잘못이 자신에게 있다고 생각하게 하지요. '나의 어떤 점'이 부족하다고 생각하는 것과 '내 존재'가 부족하다고 느끼는 것에는 큰 차이가 있습니다. 전자는 일에 초점을 맞춰 더 나아질 수 있는 방법을 생각하게 하지만, 후자는 자신에게 초점을 맞추기에 자신을 탓하는 마음을 강화시키지요. 수치심이 '존재의 살인'이라고 불릴 만큼 강력한 파괴력을 가진 것도 이런 이유에서입니다.

그렇다면 수치심에서 벗어날 수 있는 방법은 무엇일까요? 20년 가까이 수치심을 연구해온 브라운 박사의 처방 중에서 두 가지를 소개하려고 합니다. 첫 번째는 나 자신과 좋은 관계를 맺는 연습입니다. 실수를 했을 때도 "난 바보야. 제대로 하는 게 하나도 없어."라고 자신을 비난하기보다 이렇게 말해주는 겁니다.

> "괜찮아. 실수는 누구나 할 수 있어. 이번 실수를 통해
> 더 잘할 수 있는 법을 배운 거야."

거울을 보면서 자신에게 말하는 것도 도움이 됩니다. "난 괜찮아.", "난 안전해.", "난 지금 배우는 중이야."라고 부드럽게 말해주세요. 남들이 나를 비난하는 것보다 더 무서운 것은 내가 나를 비난하는 것입니다. 자신에게 가혹하게 굴면서 마음이 평안할 수는 없습니다. 진정한 공감이 필요한 대상은 자기 자신입니다.

두 번째는 긍정적이든 부정적이든 내가 느끼는 감정을 '적절하고 솔직하게' 표현하는 것입니다. 타인의 시선이 무서워 내가 느끼는 감정을 드러내지 못하면 수치심이 점점 더 강해집니다. '진짜 나'가 약해지고 '타인이 바라는 나'가 강해지면서 마음 밑바닥에서부터 자신을 부끄럽게 여기게 되지요. 내가 무엇을 느끼는지 아는 방법은 있는 그대로 감정을 느끼고 적절하게 표현하는 것입니다.

> "나는 이럴 때 화가 나."

> "나는 이런 말을 들으면 슬퍼져."

감정은 자극에 대한 반응입니다. 우울한 상황에서 우울해지고, 화가 나는 상황에서 화가 나지요. 감정이 생기는 데는 합당한 이유가 있습니다. 이렇게 자연스럽게 생기는 감정을 왜곡하거나 억누르면 자신이 어떨 때 기쁘고 어떨 때 슬픈지조차 무감하게 됩니다. 감정을 잘 느끼지 못하면 공감하기가 어려워져 부적절한 행동을 하는 일도 생깁니다. 타인의 눈치를 더 보게 되면서 자신이 부족하다는 감정에 빠지는 악순환이 생기지요.

완벽을 강요하거나 비난을 당연시하는 문화에서 수치심은 더욱 자극됩니다. 만약 '자신이 잘못된 존재'라고 느끼는 수치심에 사로잡혀 있었다면, "나는 그런 존재가 아니야!", "나는 건강해!", "나는 괜찮은 사람이야!"라고 힘껏 소리치세요. 우리에게는 수치심에 굴복하지 않고, 당당하게 자신의 목소리를 낼 권리가 있습니다.

> "우리는 쓸모없는 존재가 아닙니다.
> 우리 모두는 가치 있는 존재입니다."

최소한의 심리학

09 화가 나서 화를 냈을 뿐인데

분노를 다루는 법

> "손에 잡히는 대로 물건을 집어 던졌어요."

> "친구들은? 안 말렸어?"

> "하도 난리를 치니까 옆에 오지도 못하던 걸요."

사건의 발단은 친구들 몇 명이 휴대폰을 만진 일이었습니다. 잠깐 화장실에 다녀왔더니 친구들이 자신의 휴대폰을 보며 웃고 있었습니다. 평소 깔끔한 성격으로 자기 물건에 누가 손대는 것을 싫어하는 성격인데요. 잠시 자리를 비운 사이 자신의 휴대폰을 만지고 있는 친구들을 본 순간, 무시당했다는 생각이 들면서 분노가 폭발했다고 합니다. 여러분도 이와 비슷한 경험이 있나요? 쉽게

우울하고 불안할 때   67

화를 내는 편이라면 다음 리스트에 체크해 봅시다.

☐	성격이 급하다는 이야기를 자주 듣는 편이며 쉽게 흥분한다.
☐	생각대로 일이 되지 않으면 화가 난다.
☐	일이 잘 풀리지 않으면 포기해버리는 일이 자주 있다.
☐	잘 한 일을 인정받지 못하면 화가 난다.
☐	다른 사람의 잘못에 화가 나 지적하고 다툰 적이 있다.
☐	나를 무시한다는 생각이 들고, 억울한 일이 많다고 생각한다.
☐	분이 풀리지 않아 운 적이 있다.
☐	화가 나면 공격적인 말이나 행동을 한다.
☐	감정을 주체하지 못하고 화를 낸 적이 있다.
☐	물건을 부수거나 주변 사람을 다치게 한 적이 있다.
☐	심하게 화를 내고 일을 망쳐 후회한 적이 있다.

위의 내용에서 몇 개가 해당되나요? 4~5개면 약간의 분노조절장애 상태이고, 6개 이상이면 분노조절장애 가능성에 해당합니다. 요즘은 분노조절장애를 줄여서 '분조장'이라고도 하죠. 너무 화가 나서 감정을 조절하지 못할 때, 혹은 지나치게 화를 내는 친구에게 이 말을 써본 적이 있을지도 모르겠네요. 분노는 우리에게 필요한 감정이지만 지나치면 나에게도 주변 사람들에게도 피해를 입힙니다.

분노와 관련해 심리학에 자주 등장하는 유명한 사례가 있습니다. 피니어스 게이지(Phineas Gage)의 이야기입니다. 철도 노동자였던 게이지는 성격이 좋고 일도 잘 해 인기가 많았죠. 평소처럼 작업을 하던 어느 날, 바위를 폭파하기 위해 폭약을 설치하다가 쇠막대기가 게이지의 얼굴을 관통하는 끔찍한 사고가 일어났습니다. 현장에 있던 사람들은 모두 그가 죽었다고 생각했습니다. 그런데 게이지는 얼굴에 쇠막대기가 꽂힌 상태에서도 스스로 걸을 수 있었고 의식도 분명했습니다. 다행히 수술을 받고 건강을 회복해서 회사로 복귀할 수 있었습니다. 그런데 이 사고 이후 그의 삶은 크게 달라졌습니다. 일을 계획적으로 하지 못했고, 화를 참지 못하는 등 성격이 괴팍해졌습니다. 행동도 폭력적으로 변했죠. 예전과는 완전히 다른 사람이 된 것처럼 말입니다.

도대체 왜 이런 일이 생긴 걸까요? 폭발 사고 이후에 성격이 바뀌었기에 사고로 인한 손상부위와 성격의 연관성에 대해 연구하게 되었습니다. 연구 결과 뇌의 앞부분인 전두엽 일부에 큰 손상이 발견되었어요. 이로써 전두엽이 우리의 행동과 감정을 조절하는 데 매우 중요한 역할을 한다는 사실이 발견되었습니다.

화가 난다고 물건을 함부로 집어던지거나 폭력을 쓰는 것은 절대 하지 않아야 합니다. 그렇다고 무조건 화를 참는 것도 좋은 방법은 아닙니다. 분노는 우리에게 꼭 필요한 감정입니다.

적절하게 표현하면 자신을 보호하고 옳지 못한 행동을 막는 역할을 하죠. 그러나 스스로 분노를 통제하지 못하고 쉽게 분출시키면 자신뿐만 아니라 가족, 친구 등 소중한 관계를 망칠 수도 있습니다. 언제 터질지 모르는 폭탄과 함께 살아가는 것과 같으니까요. 만일 여러분이 자주 분노를 느낀다면, 다음과 같은 방법을 따라해 보세요.

첫째, '원인 생각하기'
내가 어떤 지점에 화가 났는지 원인을 생각해 봅니다. '분노 버튼'이 언제, 어느 때, 왜 눌러지는지 생각해 보는 겁니다. 원인을 알면 화가 날 상황을 미리 알고 피할 수 있겠죠.
둘째, '화가 날 때 한발 물러나기'
화가 나면 그 상황에서 한발 물러나는 연습을 해봅니다. 감정을 통제하지 못하는 자신을 객관적으로 바라보는 것이지요.

화를 참지 못하는 사람들은 스스로 '성격이 급하다', '참을성이 부족하다'라고 평가하는 경우가 많습니다. 화가 나려고 할 때 빨리 다른 장소로 피하거나, 머릿속으로 '스톱!'을 외치거나, 숫자를 세거나, 감정이 가라앉을 때까지 걷거나 하는 등 분노를 터뜨리기 전에 여유 시간을 갖는 것이 도움이 됩니다. 그런데 한 가지 재미있는 일은 갑자기 화를 내는 사람들도 이런 말을 한다는 것입니다.

> **"갑자기 화를 내는 게 아니야!**
> **지금까지 참고, 참고, 또 참았다고!!!"**

별일 아닌 것에 화를 내는 게 아니라 수없이 참고 참다 보니 너무 화가 난 거라고 말이죠. 실제로 이런 사람들은 그때그때 자신의 생각을 말하거나 감정을 표현하는 것을 어려워하는 경우가 많습니다. 참는 일이 많은 만큼 억울한 마음도 컸을 겁니다. 풍선을 꽉 누르면 펑! 하고 터지듯 그때그때 감정을 표현하지 못해서 적절하지 못한 방식으로 드러난 것이죠.

우리가 꼭 알아야 할 것은 내가 표현하지 않는 생각과 마음은 남도 알기 어렵다는 점입니다. 비록 상대가 공감하지 못하더라도 내 생각과 감정을 표현하고 알려주는 일은 중요합니다. 그러니 화가 나면 꾹 참았다가 터뜨리지 말고 화가 났다는 사실을 그때그때 적절하게 표현하세요. 작은 풍선이 커다란 폭탄이 되어 자신과 타인에게 상처를 주지 않도록 말입니다.

10 소중한 대상과 헤어진 후

상실감을 받아들이는 법

새 학년이 되어 단짝친구와 다른 반이 되었습니다. 수업이 끝나고 찾아갔더니 이미 집에 갔다고 하네요. 2년 연속 같은 반이어서 세상에 둘도 없는 사이인 줄 알았는데, 반이 바뀌니 마음도 바뀐 것 같다고 합니다.

> "처음 한두 번은 급한 일이 있으니 그랬겠지, 넘어갔어요. 그런데 몇 번이나 그러니까 막 짜증 나는 거예요. 나랑 단짝이었는데 다른 친구랑 더 친해 보이고. 혹시 서운한 게 있었나? 걔가 좋아하는 아이돌 굿즈도 사줬거든요. 작년 같으면 고맙다고 난리 쳤을 텐데 겨우 문자 하나 보냈더라고요. 처음엔 이게 뭐지? 멍 때리다가 화도 났다가…지금은 우울해요."

내 단짝친구가 나 말고 다른 친구랑 더 친해지는 건 참 속상한 일입니다. 멀어진 마음을 인정하기도 어렵고요.

내가 중요하게 여기던 대상과 더 이상 함께하지 못할 때 우리는 '상실감'을 느낍니다. 단짝친구와 다른 반이 되는 일부터 이성 친구와의 이별, 사랑하는 가족을 떠나보내는 일, 건강을 잃거나 스포츠 선수가 되는 꿈을 포기해야 하는 상황 등 눈에 보이는 대상과의 이별은 물론 보이지 않는 건강, 꿈 등을 잃게 되는 것도 소중한 것을 상실하는 경험이지요.

상실을 경험할 때 우리는 어떤 감정을 느끼고, 어떤 변화를 경험하게 될까요? 스위스의 정신의학자 엘리자베스 퀴블러 로스(Elisabeth Kübler-Ross)는 죽음에 대한 연구를 통해 상실에 대한 경험을 '부정-분노-타협-우울-수용'이라는 5단계로 설명했어요. 우리가 일상에서 소중한 무언가를 잃어버렸을 때도 다음과 같은 마음의 변화가 일어날 수 있습니다.

'상실'과 관련된 기억을 떠올려 보세요.

- '상실'한 대상은 무엇입니까? _____

- 그 대상을 추억할 만한 물건(또는 장소)은 무엇입니까? _____

- 그 물건(또는 장소)이 당신에게는 어떤 의미가 있습니까? _____

상실에 대한 첫 번째 반응은 상황을 받아들이지 않는 '부정'의 단계입니다. 그러다 '도대체 왜! 내가 뭘 잘못했기에 나에게 이런 일이 일어난 거지?' 하는 분노의 감정을 느낀다고 해요. 갑자기 달라진 친구의 태도에 화가 나고, 당장이라도 왜 그러는지 따지고 싶은 마음이 들기도 하죠. 예전과 같은 관계로 되돌리려고 다양한 방법을 시도해 보며 현실과 타협하지만 결국 현실을 받아들이게 되는 단계로 심리적인 변화가 일어납니다.

물론 모든 사람이 같은 반응을 보이지는 않습니다. 어떤 사람은 분노 단계에 더 오래 머무르지만 어떤 사람은 우울감이나 무력감을 더 많이 느끼기도 하죠. 슬픔과 고통에서 벗어나기 위해 적극적으로 노력하는 사람도 있고요.

이처럼 중요한 것을 상실할 때는 슬픔만 느끼는 게 아니라 후회, 죄책감, 수치심, 좌절, 무기력감 등 다양한 감정을 경험합니다. 중요한 것은 부정적 감정이라고 피하기만 할 게 아니라 '충분히' 느끼고 표현하는 일입니다. 어떤 감정이 드는지, 어떤 생각을 하는지, 말로 하거나 글로 쓰고 그림으로 그리는 등 자신의 감정과 생각을 표현하면 상실감에서 회복하는 데 도움이 됩니다.

여기서 '충분히'라는 건 특히 중요한 부분입니다. 내 감정을 충분히 느끼고 표현하는 것을 '애도'라고 하는데 애도의 시간을 잘 보내고 나면 상실의 경험이 슬픔으로만 남지 않고 소중하고 의미 있는 기억으로 남습니다. 상실의 경험이 사람마다 다른 것처럼 애도하는 시간이나 방식도 다릅니다. 그렇기 때문에 자신의 감정을 충분히 느끼고 표현하며 상실의 경험을 받아들이는 과정이 중요한 것이죠.

한 가지 다행스러운 점은 우리 마음에 '회복력'이 있다는 것입니다. 영원히 슬플 것 같은 상실의 경험도 어느 정도 시간이 흐르면 자연스럽게 회복됩니다. 내가 받은 상처에 대해 충분히 슬픔을 느끼고 표현하는 것이 괜찮은 이유도 바로 우리가 가진 회복력 덕분입니다.

만약 누군가 소중한 대상과 헤어져서 힘들어 할 때 어떻게 위로하면 좋을까요? 가장 중요한 건 자신의 경험에 빗대어 함부로 말하지 않는 것입니다. 슬픔에서 벗어나려면 자기만의 시간이 필요하기 때문입니다. 특히, "이제 그만 울어.", "다른 친구 사귀면 되지.", "실컷 슬퍼했잖아."와 같은 말은 하지 않는 게 좋습니다. 그보다 이런 말을 해주세요.

> "울어도 괜찮아. 슬퍼해도 괜찮아."

우리 모두에게, 충분히 아파하고 슬퍼해도 되는 시간과 기회가 있다는 말을 전하고 싶습니다.

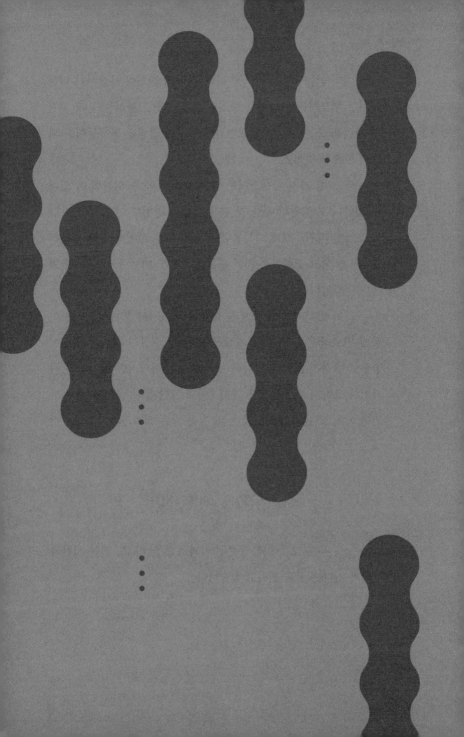

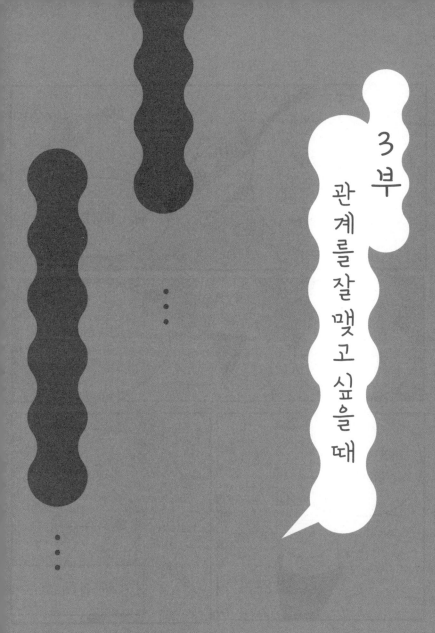

3부
관계를 잘 맺고 싶을 때

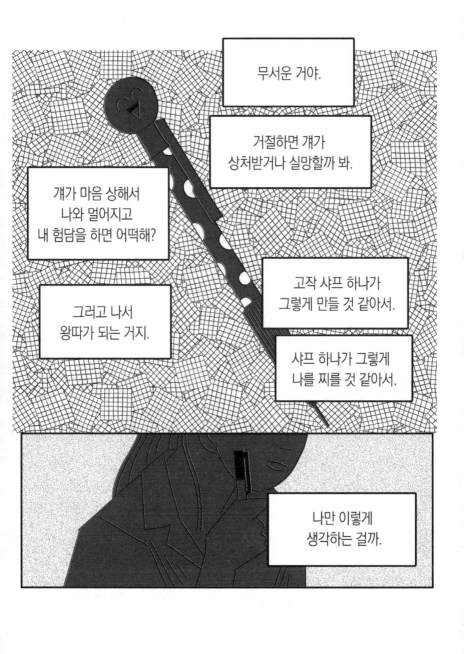

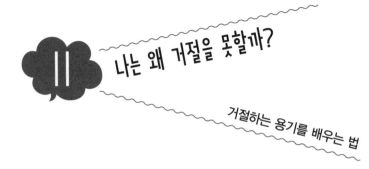

나는 왜 거절을 못할까?

거절하는 용기를 배우는 법

더운 여름날, 옆 반 친구가 급히 뛰어 들어옵니다.

> **"나한테 체육복 빌려줄 사람!"**

다른 친구들은 모두 고개를 돌려 시선을 피하는데, 이런! 하필 눈이 딱 마주치고 말았습니다. 친구가 나를 향해 걸어와 손을 내밉니다. 거절할 수 없어 사물함에서 체육복을 꺼내 건네줍니다. 이렇게 더운 날에는 체육 수업 한번 하고 나면 온몸이 땀투성이가 됩니다. 체육복도 땀에 흠뻑 젖어버리죠. 어쩌다 체육복을 깜빡해도 나는 혹시라도 민폐가 될까 봐 말조차 꺼내 본 적 없는데, 아무렇지 않게 부탁하는 친구를 보니 얄밉기도 하고 부럽기도 합니다. 이번만의 일은 아닙니다. 영화 보러 같이 가달라는 친구의 말을 거절하지 못해, 학원을 빠졌다가 엄마에게 걸려 호되게 혼난 적도 있고요. 돈 좀 빌려달라는 친구에게 용돈을 다 내줬다가 저녁 사 먹을 돈이 없어 쫄쫄 굶은 적도 있다니까요. 도대체 나는 왜 이러는 걸까요?

"안돼"라고 하거나 "싫어"라고 거절하는 말 한 마디 하는 게 이렇게까지 어려울 일인가 싶지만, 실제로 많은 사람들이 거절을 어려워합니다. 아마도 모두에게 '좋은 사람'으로 기억되고 싶은 마음 때문일 겁니다. 거절당한 친구의 실망하는 표정을 보는 게 괴롭기 때문일 수도 있고요. 좋은 사람이 되고, 상대를 실망시키지 않으려고 노력하는 건 참 귀중한 마음입니다.

그렇지만, 이런 마음이 너무 과하면 문제가 될 수 있습니다. 어떨 때 과하다는 걸 알 수 있냐고요? 친구의 부탁을 거절하지 못해 내가 불편해지거나 손해를 보는 상황이 되었을 때입니다. 자기 생각이나 입장을 설명하지 못하고 다른 친구들의 부탁을 들어주느라 혼이 쏙 빠질 때가 그렇습니다.

이런 일들이 일어나는 이유는 무엇일까요? 만약, 지금 나누고 있는 이 이야기가 '내 이야기다!' 싶은 친구들이 있다면, 평소에 이런 생각을 가지고 있는지 한번 떠올려봅시다.

최소한의 심리학

'나는 한 사람도 빠짐없이 모든 애들에게 인정받아야 해.'
'한 명이라도 나를 미워한다면, 결국 모든 친구들이 나에게 등을 돌릴 거야.'

어디선가 이런 목소리가 들리는 것 같군요.

"에이, 누가 저런 생각을 해요? 생각이 너무 오바스럽잖아요."

맞습니다. 너무 극단적인 생각들이죠. 그렇지만 정말 이런 생각을 하는 사람이 없을까요? 여러분들 모두 성격 좋은 친구로 인정받고 싶을 겁니다. 그런데 친구 한 명이 나에 대해 험담한 걸 알게 되었다면, 여러분의 마음은 어떨까요? 불편하고 찝찝한 마음에 그 친구가 계속 신경 쓰일 것 같지 않나요? 또 친구가 무례한 행동을 했을 때 여러분은 어떻게 반응하나요? 불편한 감정을 이야기했다가 친구의 기분을 상하게 할까 봐 입을 꾹 닫은 적 있지 않았나요? 친구와 사이가 틀어졌다가 모두가 나에게 등을 돌려 '왕따'가 되는 상황을 함께 떠올리며 말이죠.

무척 극단적이고 비합리적인 생각 같지만, 사실 우리 모두 이런 마음을 조금씩 가지고 있답니다. 심리학자 앨버트 엘리스(Albert Ellis)도 이런 사실을 이야기했습니다. 인간은 모두 비합리적인 생각들을 한다고 말이죠. 게다가 우리를 괴롭게 만드는 비합리적인 생각들을 합리적인 생각보다 더 많이, 쉽게 하게 된다고도 이야기했습니다.

생각해 보면 정말 그렇습니다. 우리의 건강을 생각하면, 야식을 먹지 않는 게 합리적이라는 걸 모두 알고 있습니다. 그렇지만, 밤늦은 시간에 시켜 먹는 매운 떡볶이의 유혹을 참는 건 어렵습니다. 건강에 안 좋다는 걸 알면서도 이미 손가락은 배달 앱을 향하고 있죠. 사람은 원래, 조금 비합리적이기 쉬운 존재들이랍니다. 그러니 모두에게 쿨한 사람이 되겠다는 욕심에, 혹은 사람들에게 미움받을까 봐 두려움에 거절하지 못하는 건 그리 이상한 행동도 아닌 셈이죠.

그렇지만 '원래 사람은 비합리적이다.'라고 해서 그대로 내버려 둘 수만은 없습니다. 적어도, 내가 손해를 입을 만한 일에는 단호하게 'NO!'를 외칠 줄은 알아야겠죠. 생각이 쉽게 비합리적인 쪽으로 흐르더라도, 합리적인 방향을 다시 설정하는 게 우리의 몫입니다. 어떻게 하면 비합리적인 생각을 합리적으로 바꿔 줄 수 있을까요?

생각을 바꾸는 가장 빠른 방법은 행동을 바꾸는 것입니다. '거절하면 큰일 난다!'는 생각을 바꾸려면, 거절하는 행동부

최소한의 심리학

터 먼저 연습해 보아야 합니다. 그러려면, 여러분의 의견을 당당하게 말하고, 예의 있게 거절하는 방법을 알아야겠죠. 지금부터는 '잘 거절하는 법'을 함께 연습해 보도록 하겠습니다.

거절을 잘한다는 건 '자기주장'을 잘한다는 것과 같습니다. 자기주장이란, 자신의 권리나 기분, 감정, 생각을 자유롭게 이야기하는 것을 말합니다. 다른 사람의 기분이나 권리를 침해하지 않는 선에서 말이죠. 자기주장은 훈련을 통해 얼마든지 키워나갈 수 있습니다. 거절이 필요한 순간을 상상해 보고, 실제로 소리 내어 말해보는 것입니다. 아래 예제를 통해 한번 연습해 볼까요?

> **친구: 야! 나 체육복 좀 빌려줘라!**
>
> 나: _____
>
> **친구: 그러지 말고 좀 빌려줘라, 나 오늘도 체육복 없으면 점수 깎인단 말이야.**
>
> 나: _____

크게 소리 내어 연습해 보았나요? 어깨와 가슴을 쭉 펴고 자신감 있는 자세를 취하는 것도 잊지 마세요. 시선을 피하거나 우물쭈물 말하기보다 친구의 눈을 똑바로 바라보는 것도 중요합니다. 자세와 시선도 또 다른 '자기주장'의 방법이 될 수 있으니까요.

모두에게 인정받지 않아도 괜찮습니다. 나를 미워하는 사람들이 있어도 문제없습니다. 무엇보다 중요한 건 내가 나를 지킬 줄 아는 것입니다. 거절하는 용기, 자기주장을 자신 있게 펼쳐 나가겠다는 의지야말로, 그 무엇보다 합리적인 사고방식입니다.

12 친구가 내 대답에 영혼이 없다는데?

상대의 마음에 공감하는 법

여러분은 스스로 공감을 잘하는 사람이라고 생각하나요? 아니면, 못하는 사람이라고 생각하나요? 아래 체크리스트를 통해 한번 확인해 봅시다. 나의 평소 모습을 떠올리며 해당하는 보기에 ∨표해 보는 거예요.

☐	남의 말을 잘 듣지 않고 내 이야기만 할 때가 있다.
☐	사람이나 동식물이 고통받는 모습을 보아도 아무렇지 않다.
☐	사람들과 눈을 잘 마주치지 못한다.
☐	깊이 친한 친구가 거의 없다.
☐	약속 시간에 자주 늦는다.
☐	다른 사람들의 말보다 내 말이 가장 옳다고 생각한다.
☐	내가 다른 사람들에게 피해를 줘도 별로 신경 쓰지 않는다.
☐	내 잘못을 인정하기 어렵다.

∨표를 몇 개나 그렸나요? 사실, 이 체크리스트는 '공감 못하는 사람들의 특징'을 모아둔 것이랍니다. 그러니 ∨표가 적을수록 공감을 잘하는 사람이겠죠. 혹시 보기가 거의 다 내 이야기인 것만 같아서 당황한 친구들도 있을까요? 설령 ∨표를 잔뜩 그렸더라도 너무 걱정하지 마세요. 공감은 얼마든지 배워나갈 수 있습니다.

우리는 흔히 공감에 '능력'이라는 단어를 붙이곤 합니다. 공감도 잘하는 사람, 못하는 사람이 있으니 '능력'일 거라고 생각하기 때문인 것 같아요. 그렇지만, 공감은 능력이라기보다 태도에 가깝습니다. 감수성이 유독 풍부하다면 공감을 능력으로 사용할 수도 있겠지만, 평범한 사람들도 마음만 먹으면 얼마든지 공감하는 태도를 발달시킬 수 있습니다.

공감은 상대의 말을 귀담아듣는 것으로부터 시작합니다. 이것을 '경청'이라고 하죠. 상대의 말을 경청한 후 상대가 느낀 감정을 함께 느끼는 것을 공감이라고 합니다. 내 기준에서 상대의 감정이 맞고 틀리고를 판단하는 것은 공감과 거리가 멉니다. 그저 상대의 마음을 함께 느끼고 '충분히 그럴 수 있었겠다'고 인정해 주는 것, 그것이 바로 공감입니다.

심리학자 칼 로저스(Carl Rogers)도 공감을 무척 중요하게 생각했습니다. 로저스에게 이 세상 무엇보다 중요한 것은 '사람'이었습니다. 로저스에게 공감이란, 사람을 존중하는 것과 같은 의미였습니다. 그는 평생 수많은 사람들을 만나며 그들에게 공감을 선물했습니다. 로저스가 평생에 걸쳐 실천했던 태도인 공감. 그런 공감에도 단계가 있다는 사실, 알고 있나요? 공감의 단계가 하나씩 올라갈수록 보다 '좋은 공감'이라고 볼 수 있습니다. 총 네 단계로 이루어진 공감의 단계를 함께 살펴볼까요?

공감의 1단계는 아직 공감이 이루어지지 않은 상태를 말합니다. 이야기를 주고받고는 있지만, 감정을 이해하지 못한 상태인 거죠. '동문서답'이라는 말이 바로 이런 경우가 아닐까 싶습니다.

A: 나 방탄 콘서트 티켓팅 실패했어. 오랜만에 하는 콘서트라 기대했는데….

B: 그래? 아, 근데 오늘 날씨 되게 덥다.

공감의 2단계는 상대의 말을 듣고 반응은 하지만, 정확히 이해하지는 못한 상태를 말합니다. 친구가 하는 말에 공감을 한다고 했는데, 친구가 약간 갸우뚱할 때가 있지 않나요? 혹은 '내 말은 그게 아니라~'라고 하며, 조금 더 설명을 덧붙인 경우가 있었을지도 모르겠군요. 이런 경우라면 공감의 2단계에 머무른 것이라고 볼 수 있습니다.

> A: (시무룩한 표정으로) 나 포함해서 세 명이 친하게 지
> 냈는데, 요새 나만 빼놓고 둘이 노는 것 같아.
> B: 그래? 그럼, 걔네한테 연락해서 같이 놀자고 해봐.
> A: 아…. (나는 서운한 마음을 공감받고 싶었던 건데….)

3단계는 친구의 말에 담긴 감정과 메시지를 정확하게 이해하고, 그에 따라 반응하는 상태를 말합니다. 말뿐만 아니라 친구가 보여준 '비언어적 메시지', 즉 자세나 어조, 표정까지 함께 이해하는 상태입니다. 3단계가 되면 친구는 비로소 '내 마음에 공감해주고 있다'고 느끼게 될 것입니다.

> A: 진짜 열심히 했는데 성적이 또 안 좋아. 열심히 해봤
> 자 소용없는 거 같아.
> B: 노력했는데 성적이 안 나와서 실망했구나. 어깨가
> 축 처진 걸 보니 나도 속상하다.

그런데 3단계에서 이미 공감이 이루어졌다면 4단계는 도대체 무엇일까요? 4단계는 상대가 표현하지 않는 부분까지 발

견해내는 것입니다. 이 단계로 넘어가는 건 꽤 어려운 일입니다. 하지만 그만큼 상대는 더 많은 감동을 느끼게 됩니다. 가끔 나도 내 마음을 잘 모르겠다고 느낄 때가 있죠. 그럴 때, 누군가가 그 마음을 딱! 눈치채고 알아봐 준다면 순간 이런 마음이 들 것 같은데요.

> "대박! 내 마음을 완전 귀신같이 알았네!"

> "아! 사실 나한테 이런 마음도 있었구나!"

내 마음을 콕 짚어낸 게 신기하기도 하고, 나도 몰랐던 마음을 알려주니 고맙기도 할 것입니다. 몰랐던 마음을 알게 된 김에 더 많은 이야기를 술술 풀어내게 될지도 모르지요. 4단계의 공감이란 도대체 어떤 걸까요? 그건 바로, 상대방의 말에 드러나지 않은 '숨겨진 마음'을 찾아보는 거예요. 이렇게 말이죠.

> A: 엄마는 아직도 내가 아기인 줄 알아. 혼자서도 할 수 있는데 매일 잔소리, 잔소리!
> B: 엄마 잔소리가 널 아기 취급하는 것처럼 들렸나 보네. 그래서 화가 났구나. 사실, 네 마음은 엄마가 널

독립심 있는 성인으로 인정해줬으면 했던 거니?

이렇게까지 공감에 대해 자세히 알아야 하는 이유가 무엇이냐고요? 그 이유는 공감이 '너'와 '나'를 이어주는 연결고리이기 때문입니다. 내 마음을 알아주는 사람이 세상에 단 한 명도 없다고 생각하면, 여러분의 마음은 어떨까요? 반대로 딱 한 명이라도 나를 이해하는 사람이 있다고 생각한다면요? 누구라도 내 마음 알아주는 말 한마디 툭 던지면, 그 한마디가 참 반갑고 힘이 되잖아요. 그 친구를 다시 보게 되기도 하고, 고마운 마음이 들기도 하고요.

우리가 공감을 '능력'이라고 부르기도 하고, 공감받기를 간절히 바라는 이유도 이와 다르지 않을 것입니다. 내 마음을 이해해 주는 누군가가 있다는 걸 확인하고 싶은 마음일 테죠.

혹시, 힘이 되어주고 싶은 친구가 있나요? 그렇다면 친구의 말속에 숨겨진 감정에 귀를 기울여보세요. 여러분이 친구에게 깊이 공감받았다고 느끼나요? 여러분을 이해하기 위해 친구가 들인 정성과 진심에 크게 감사를 표현해 보세요. 마음을 주고받는 새에 여러분들의 우정도 쑥쑥 자라나고 있을 것입니다.

13 조별 과제를 할 때마다 싸움이 난다면

갈등을 해결하는 법

조별 과제 준비를 위해 조원들이 모여 회의를 하고 있습니다. 국어 교과서에 나오는 문학작품을 다양한 방식으로 재구성하는 것인데, 어떻게 하는 것이 좋을지에 대해 상의하고 있지만 의견이 잘 모아지지가 않네요. 성적을 잘 받을 수 있는 아이디어지만 시간과 노력을 너무 많이 들여야 하는 것 때문에 반대하는 조원이 있었고, 역할을 분담하는 과정에서도 의견이 맞지 않아 결국 아무런 결정도 하지 못한 채 서로 기분만 상했습니다.

여러분이 위와 같은 상황에 있다면 어떤 결정을 내릴까요? 다음의 내용을 보며 나는 어느 유형에 해당하는지 선택해 보세요.

A: 가장 중요한 것은 결과야. 다들 힘들다고 해도 성적을 잘 받을 수 있는 방법을 선택해야 해.

B: 좋은 성적도 좋지만 서로의 의견을 잘 모아서 각자가 잘 할 수 있는 것을 담당하는 게 중요해.

C: 아직 과제 마감까지 시간이 남았으니 의견이 일치될 때까지 천천히 더 생각을 해보는 게 좋을 거야.

D: 괜히 나까지 나서서 문제를 만들기보다는 일단 상황을 지켜보면서 분위기를 따라가야지.

E: 조별 과제 때문에 친구들 사이가 어색해질까 봐 걱정이야. 조금씩 양보해서 서로 마음 상하지 않고 과제를 하는 게 중요해.

학자 토마스와 킬만(Kenneth W. Thomas & Ralph H. Kilmann)은 목적에 따라 갈등을 대처하는 방식이 다르다는 것을 발견하고, 갈등에 대처하는 5가지 유형을 제안했습니다. 문제를 해결하는 데 있어 '타인지향'의 높고 낮음에 따라, '자기지향'이 높고 낮음에 따라 갈등을 마주하게 되었을 때 문제 상황을 처리하는 방법이 다르다고 해요.

자, 그럼 여러분이 선택한 결정은 어떤 대처유형인지 알아보겠습니다.

최소한의 심리학

먼저 A를 선택한 여러분은 "경쟁형"에 해당됩니다. '경쟁형'은 결과를 중요하게 생각하고, 다른 사람의 마음이나 의견을 생각하기보다는 목적한 바를 이루기 위해 상대방의 의견이나 기분을 덜 신경 쓰는 경향이 있어요. 때로는 자기주장이 강하다는 인상을 주기도 하고, 좋은 결과를 위해 상대방의 의견을 무시하는 것처럼 비춰질 수 있습니다.

B에 해당하는 유형은 "협력형"입니다. 각 구성원의 입장을 중요하게 생각하고, 좋은 결과를 만들기 위해 다양한 경우의 수를 고려하는 방식으로 문제를 해결하려 노력하죠. 서로의 입장 차이를 줄일 수 있고, 합의가 된다면 '윈-윈(Win-Win)'의 결과를 가져올 수 있지만 실제 대인관계에서 모두를 만족할 수 있는 방향으로 이끌어 간다는 것이 쉽지는 않을 수 있어요.

C에 해당하는 유형은 어느 누구 한 명이라도 손해를 입어서는 안 되고, 모두에게 이익이 되는 결정을 내리는 것을 중요시하는 "타협형"입니다. 모두의 의견과 입장을 존중한다는 의미에서는 매우 평화로운 갈등 대처 방식일 수 있지만 최선의 결과를 내야 하는 상황에서는 추진력이 부족할 수 있어요.

D에 해당하는 유형은 "회피형"입니다. 갈등 상황을 피하는 태도를 보여주는데요. 의견 충돌이나 감정이 상하는 것과 같이 불편한 상황을 피하려 하고, 적극적으로 문제를 해결하는 것에

소극적인 태도를 보여주는 유형입니다.

　　마지막으로 E에 해당하는 유형은 결과보다는 관계를 중요하게 생각하다 보니 다른 사람에게 맞추는 태도를 보이는 "순응형"입니다. 목표를 달성하는 것도 중요하지만 이 과정에서 서로의 마음을 다치지 않게 해결하는 것이 더 중요하기 때문에 손해를 보더라도 한 발 물러서는 태도를 보이는 경향이 있습니다.

　　전통적인 관점에서는 갈등을 부정적인 것으로 봤지만, 이후 시간이 지나며 갈등을 사람들 사이에 생길 수 있는 자연스러운 과정으로 바라보게 되었어요. 다른 사람들과의 관계에서 불편함을 느끼는 경우를 생각해 보면 대부분 갈등의 문제에 부딪혔을 때가 많습니다. 서로의 의견이 맞지 않을 때, 각자 주장하는 것이 다를 때 갈등을 경험하게 되죠. 이런 갈등은 회의나 일을 결정하는 상황뿐만 아니라 일상적인 관계에서도 자주 일어나는데요. 대화를 하는 중에도 내가 생각하는 것과 달라 서로의 의견을 좁히다 보면 감정이 상하는 경우도 있고, 예상치 못한 친구의 반응에 속상한 경험도 많았을 거예요.

　　자기주장을 너무 내세우는 친구의 태도에 화가 날 때도 있고, 내 편을 들어줬으면 하는데 아무 말도 하지 않는 친구의 태도가 미울 때도 있어요. 내 마음과는 다른 상대방의 행동과 말투에 우리는 쉽게 마음을 다치기도 하지만 잘 생각해 보면 상처를 주려는 목적이 아닌 그저 생각하는 것이 달라서일 때가 많습니다.

갈등을 대처하는 유형들 중 대인관계의 문제를 해결하는 데에 가장 좋은 유형도, 대인관계를 망치는 최악의 유형도 없습니다. 어떤 관점에서 문제를 바라보고 있는지는 사람마다 다르다는 것을 이해한다면 우리는 쉽게 갈등의 문제를 해결할 수 있을 거예요. 물론 문제를 직접적으로 해결하는 것이 최선의 결과를 가져오기도 하지만 때로는 상대방의 입장에서 생각해 보고 나와는 다른 점이 있음을 인정하는 것도 관계를 잘 풀어가는 좋은 방법이 될 수 있습니다.

최근 친구와 마음이 불편했던 일이 있었나요? 아무리 생각해도 이해되지 않는 친구의 행동 때문에 기분이 나빴나요? 우리는 화가 나면 상대방의 이야기를 잘 들으려 하지 않아요. 그리고 내 마음이 어땠는지에 대해 이야기하는 것도 의미 없다고 생각하기도 하고요. 그럴 땐 이렇게 질문을 해보면 좋을 것 같아요.

"네가 그렇게 생각한 이유가 뭐야?"

마음이 너무 잘 통하는 친구일지라도 각자 문제를 바라보는 관점은 다를 수 있으니까요. 상대의 마음을 이해하는 것부터 관계의 시작이 될 수 있을 거예요.

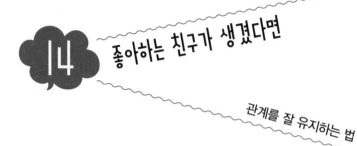

14 좋아하는 친구가 생겼다면

관계를 잘 유지하는 법

혹시 누군가를 좋아하고 있나요? 만약 그렇다면 좋아하는 사람과의 관계에서 언제 가장 마음이 힘들던가요? 사람마다 경험은 다르겠지만, 누구나 견디기 어려운 순간은 '좋아하는 사람과의 관계가 불편해질 때'가 아닐까 싶습니다. 친구에게 마음을 고백했는데 나를 피하기만 할 때, 나를 좋아한다기에 마음을 열었더니 멀어져 버릴 때와 같이 말이죠. 반대의 경우도 있습니다. 나는 천천히 마음을 열어가고 있는데 왜 자기를 더 좋아하지 않느냐며 상대가 서운해하고 화를 터뜨릴 때도 그렇습니다. 좋아하는 사람이 있는 건 설레고 기분 좋은 일이라는데, 이토록 불안하고 불편해지는 이유는 뭘까요? 어떻게 해야 건강한 연애를 할 수 있는 걸까요?

누군가를 좋아할 때 여러분은 어떤 모습을 보이는지 생각해 봅시다. 누군가를 '좋아한다' 혹은 '사랑한다'는 감정을 느낄 때, 우리는 일정한 패턴을 보입니다. 이런 패턴을 가리켜 '애착유형'이라고 합니다. 애착이라는 말, 낯설지 않지요? 애착이란, 내 곁의 누군가에게 계속해서 관심과 애정 어린 마음을 쏟는 상태를 말합니다. 애착은 누구나 느낄 수 있는 감정이지만, 이것을 표현하는 방식은 사람마다 조금 다를 수 있습니다. 메리 애인스워스(Mary Ainsworth)라는 심리학자는 실험을 통해 애착에도 유형이 있다는 사실을 밝혀냈습니다.

애인스워스의 실험은 이른바 '낯선 상황 실험'이었습니다. 아이와 부모가 낯선 놀이방(실험실)에 들어갑니다. 아이는 놀이방 안에 있는 장난감을 가지고 놀고, 부모는 아이 옆에 가까이 앉아 있습니다. 잠시 후, 낯선 사람이 놀이방에 들어와 부모와 이야기를 나눕니다. 아이는 이 모습을 지켜보죠. 부모가 방을 나가고 낯선 사람과 아이만 방에 남습니다. 잠시 후, 부모가 다시 돌아옵니다. 이때 아이가 어떤 반응을 보이는지 관찰하여 애착유형을 확인하는 실험이었습니다.

실험 결과, 애착유형은 크게 두 가지로 구분되었습니다. 하나는 '안정 애착', 다른 하나는 '불안정 애착'입니다. 안정 애착은 부모와 안정적으로 애착이 형성된 경우입니다. 안정 애착유형에 해당되는 아이들은 부모가 자리를 떠나도 크게 불안해하지 않았습니다. 부모가 다시 돌아왔을 때 반가운 표정으로 맞아주었습니다. 간혹 부모가 사라지면 울음을 터트리는 아이도 있었지만, 부모가 돌아와서 달래주면 금세 울음을 그쳤습니다. 안정 애착유형의 아이들은 부모가 함께 있다면, 낯선 상황이라도 크게 불안을 느끼지 않는 모습을 보였습니다.

반면, 불안정 애착에 해당하는 아이들은 상당히 불안해하는 모습을 보였습니다. 불안정 애착은 불안을 표현하는 방식에 따라 세 개의 애착유형으로 더 자세히 나누었습니다. 부모가 방을 나갔을 때 큰 스트레스를 받으며 심하게 울고, 다시 돌아와 아이를 달래줘도 쉬이 마음을 놓지 못하는 아이들은 '저항 애착'으로 분류하였습니다. 부모가 방을 나가거나 다시 돌아와도 별다른 반응을 보이지 않는 아이들은 '회피 애착'으로 분류하였습니다. 저항 애착과 회피 애착이 동시에 나타나는 아이들도 있었습니다. 이들은 '혼란 애착'으로 분류하였습니다. 이 유형들은 모두 부모와 애착이 안정적으로 형성되지 않아, 부모가 있든 없든 낯선 상황을 두려워하는 모습을 보인다는 공통점을 가지고 있었습니다.

애착유형은 어릴 때 부모님 혹은 주 양육자와의 관계를 통해 결정되는 것입니다. 우리가 양육자에게 원하고 요구하는 게 잘 받아들여지면 애착이 안정적으로 형성됩니다. 아기가 울면서 팔을 뻗는 동작을 보고 양육자가 재빨리 안아주는 것처럼 말이죠.

애착유형은 어릴 때 형성되지만, 성인 이후의 시기까지 영향을 미칩니다. 어릴 때 형성된 애착 유형이 성인이 되어 애착을 느끼는 사람과의 관계에서 그대로 드러나는 것입니다. 각각의 애착유형을 가진 아이들이 성인이 되면, 아래와 같은 모습을 보이게 된다고 합니다.

안정 애착	자기 자신에 대해서 긍정적인 감정을 느끼며, 타인에 대해서도 긍정적으로 생각한다. 친밀한 인간관계를 불편하게 여기지 않으며 좋은 관계를 유지해 나간다. 혼자 있는 시간에도 크게 불안해하지 않는다.
저항 애착	자기 자신에 대해 부정적으로 느끼기 때문에 혼자 있을 때 긴장, 불안, 외로움, 분노를 크게 느낀다. 다른 사람에 대해서는 긍정적으로 생각하기 때문에 인간관계에 의존하고 집착하는 모습을 보인다.
회피 애착	자기 자신에 대해서는 긍정적으로 느끼나, 타인을 부정적으로 느낀다. 때문에 혼자 있을 때는 편안하다고 느끼지만 다른 사람들과 함께 있는 건 무척 부담스러워한다. 친밀한 관계를 피하려 하고 감정을 잘 드러내지 않는다.
혼란 애착	자기 자신과 타인에 대해 모두 부정적으로 생각한다. 만나는 사람들에게 적대적인 모습을 보여 대인관계가 잘 이루어지지 않는다.

그런데 한번 애착유형이 정해지면 평생 그렇게 살 수밖에 없는 걸까요? 내가 기억도 할 수 없는 시기에 있었던 일로

앞으로의 인간관계까지 영향을 받는다고 생각하면 조금 억울해지기도 합니다. 그렇지만 너무 억울해할 필요 없습니다. 애착유형은 변화할 수 있습니다. 불안정 애착유형을 가진 사람도 얼마든지 안정된 애착 관계를 맺을 수 있답니다. 어떤 방법을 통해 그렇게 할 수 있을까요?

애착의 핵심은 '신뢰'입니다. 애착을 느끼는 사람이 안전하고 신뢰할 만하다는 믿음이 안정적인 애착을 만들어주는 것입니다. 낯선 상황 실험에서 안정 애착유형의 아이들이 울음을 터트렸다가도 부모가 돌아온 후 금세 울음을 그친 이유도 바로 이 때문입니다. 낯선 곳이라도 애착 대상과 함께라면 괜찮다는 믿음, 설령 애착 대상이 잠시 떠나더라도 다시 곁으로 돌아올 거라는 믿음이 있었기 때문에 덜 불안할 수 있었던 것입니다.

여러분이 좋아하는 친구가 불안정 애착유형에 해당하는 것 같나요? 그렇다면, 그 친구가 여러분을 믿을 수 있도록 안전한 버팀목이 되어주세요. 친구가 불안에 떨고 있을 때 여러분이 함께 있다는 사실을 알려주세요. 친구의 마음에 공감하는 모습을 보여주세요. 앞 장에서 배웠던 공감의 기술을 써 봐도 좋겠군요. 친구가 하는 말에 귀 기울이고 관심과 애정을 표현해 보세요. 여러분이 친구에게 새로운 애착 대상이 되어주는 것입니다.

혹시 여러분 스스로 불안정 애착유형이라고 생각하나

요? 그렇다면 이렇게 해볼까요? 좋아하는 친구에게 여러분의 감정을 이야기해 보세요. 만약 그 친구에게 듣고 싶은 말이 있다면, 그 말을 해주기를 부탁해도 좋습니다. 몸이나 마음이 아플 때 관심과 애정을 가져주길 원한다면 그러한 소망을 친구에게 솔직하게 털어놓는 것도 좋겠군요.

어렸을 때의 우리는 부모님의 돌봄과 손길이 꼭 필요한 연약한 존재였습니다. 그래서 부모님의 양육방식을 따를 수밖에 없었죠. 그렇지만, 지금의 우리는 강한 신체와 단단한 마음의 힘을 가진 사람으로 성장하고 있습니다. 그러니, 사랑하는 사람들과 어떤 애착 관계를 맺을지 여러분이 선택할 수 있습니다. 우리는 나 자신도 안정적이면서 주변 사람들과도 안정적인 관계를 맺을 수 있는 힘을 가지고 있다는 사실, 꼭 기억하기 바랍니다.

15 가족과 말이 안 통할 때

가족과 싸우지 않는 대화법

성적표를 받아들었습니다. 실눈을 뜨고 등수를 확인했습니다. 이런. 지난번보다 등수가 더 떨어졌네요. 예상은 했지만, 막상 성적표를 받아드니 눈앞이 캄캄해집니다. 부모님 얼굴은 어떻게 봐야 할까요? 집으로 가는 길이 멀게만 느껴집니다.

집에 도착하자, 엄마가 기다리고 있습니다. 같은 학교에 다니는 친구 엄마를 통해 오늘 성적표가 나왔다는 걸 이미 알고 계신 눈치입니다. 구깃구깃한 성적표를 엄마 앞에 내밉니다. 엄마의 표정이 눈에 띄게 어두워지네요. 자, 이때 여러분들이라면 어떤 반응을 보일까요?

> A: "엄마, 나는 정말 멍청한 거 같아. 나는 진짜 쓰레기
> 야."라고 말하며 고개를 떨군다.

B: "내가 그 학원 안 다닌다고 했잖아! 다 엄마 때문이야!"라고 말하며 세모눈을 뜬다.

C: "어? 엄마 이 옷 못 보던 거네? 새로 산 거야?"라고 말하며 엄마의 주의를 돌린다.

D: 무표정한 얼굴로 아무 말도 하지 않는다.

E: 엄마와 눈을 마주치며 "엄마, 나 성적이 떨어져서 너무 속상해."라고 말한다.

여러분은 보기 중 어느 유형에 해당하나요? 이 유형은 버지니아 사티어(Virginia Satir)라는 심리학자가 만든 '가족 의사소통 유형'입니다. 사티어는 가족들 사이에서 이루어지는 의사소통이 크게 이 다섯 가지로 분류된다는 걸 발견했습니다. 혹시 부모님과 대화만 할라치면 싸움으로 번져버린다면, 의사소통 유형에 그 원인이 있을 수 있습니다. 각 보기가 어떤 의사소통 유형에 해당하는지 지금부터 함께 알아보겠습니다.

A는 '회유형'입니다. 이 유형은 대화 상대의 심기를 건드리지 않기 위해 비굴한 모습을 보이는 특징을 가지고 있습니다. 자신의 마음은 억눌러 두고 상대방의 눈치만 살피는 것입니다. 평소 상처를 잘 받고 걱정이 많은 사람들이 이런 대화 유형을 많이 사용한다고 합니다.

B는 '비난형'입니다. 이 유형은 다른 사람을 비난하고 환경을 탓하는 모습을 보입니다. 성난 표정을 짓거나 고함을 치는 행동을 보이죠. 이러한 행동을 하는 이유는 사실 자기 자신을 보호하기 위해서 인데요. 이 유형의 사람들은 마음속 깊은 곳에서 자기 자신이 무척 외롭고 약한 존재라고 느끼고 있기 때문입니다.

C는 '산만형'입니다. 말 그대로 주의를 산만하게 만드는 모습을 보입니다. 뜬금없는 농담을 하거나, 쉬지 않고 몸을 움직이거나 엉뚱한 곳으로 시선을 돌리곤 합니다. 이렇게 산만한 모습을 보이는 이유는, 상황을 회피하기 위해서입니다. 이 유형의 사람들은 스트레스를 정면으로 마주했을 때 죽을 것 같은 두려움을 느낍니다.

D는 '초이성형'입니다. 이 유형은 감정을 잘 표현하지 않습니다. 자신이나 상대의 내면보다 이성, 논리만이 중요하다고 생각합니다. 그래서, 얼핏 보면 객관적이고 침착한 듯하지만, 사실 마음속은 누구보다 쉽게 상처받고 외로움을 느낍니다. '과유불급'이라는 말처럼 논리적인 것만 너무 중시하다 보니 정작 마음을 돌보는 일에는 소홀하기 때문입니다.

E는 '일치형'입니다. 일치형은 자신과 상대의 감정을 모두 중요하게 여기고, 그것을 말로 잘 표현할 줄 압니다. 마음과 말이 따로 놀지 않으니 심리적으로 안정되어 있습니다. 사티어는

최소한의 심리학

이 유형을 가장 바람직한 의사소통의 모습이라고 꼽았습니다.

만약 여러분과 여러분 가족의 의사소통 유형이 회유형, 비난형, 산만형, 초이성형으로 확인되었더라도 좌절하긴 이릅니다. 의사소통 유형은 연습과 노력을 통해 얼마든지 바꿀 수 있기 때문입니다. 사티어가 말한 대로, 가장 적절한 의사소통 방식인 '일치형'의 대화를 할 수 있도록 말이죠. 어떻게 하면 우리 가족이 '일치형' 의사소통을 할 수 있을까요?

'일치형' 의사소통을 하는 좋은 방법 중 하나는 '비폭력 대화법'을 사용하는 것입니다. 이 대화법은 상대에게 상처를 주거나 마음을 아프게 하지 않고 말하는 방법입니다. 마셜 B. 로젠버그(Marshall B. Rosenburg)라는 심리학자가 처음 만든 개념으로, 총 4단계로 이루어져 있습니다.

첫 번째 단계는 '관찰'입니다. 상대에게서 관찰한 바를 있는 그대로 이야기하는 것입니다. 이때, 상대에 대한 평가는 금물입니다. 예를 들어보죠. 성적표를 갖다주자 엄마의 표정이 어두워진 장면을 다시 떠올려 보겠습니다. 이 상황에서 '관찰'과 '평가'는 어떻게 다를까요?

관찰: 엄마 표정이 많이 어두워졌네.
평가: 엄마는 내 성적이 많이 불만스러운가봐?

평가는 엄마의 표정에 대해 우리가 주관적으로 평가한 것입니다. 엄마의 표정이 어두워진 이유는 성적이 마음에 들지 않아서 그런 것만은 아닐 수 있는데도 말입니다. 지레짐작으로 평가하는 말은 상대에게 비난으로 들릴 수 있습니다. 그렇게 된다면, 엄마의 어두워진 표정을 보고 더욱 속상해지는 여러분의 진심이 잘 전달되지 않겠죠.

두 번째 단계는 '느낌'입니다. 느낌은 앞 단계에서 관찰한 바에 대해 자신의 느낌을 표현하는 것입니다. 이때, 느낌을 나타내는 구체적인 단어를 사용할수록 좋습니다. 문장의 주어는 꼭 '나'를 사용해야 합니다.

느낌: 엄마 표정이 어두워진 걸 보니 나도 좀 시무룩해져.

세 번째 단계는 '욕구'입니다. 욕구는 보통 '~가 하고 싶다.'라는 말로 표현되는 마음입니다. 우리가 누군가를 탓하고 비난하고 싶은 마음이 드는 건, 이 욕구가 충족되지 않았을 때 주로 그렇습니다. 예를 들어 '엄마는 그동안 한 번도 나를 칭찬해 준 적 없잖아!'라고 비난하고 싶다면, 사실 이 말속에는 '엄마에게 칭찬받고 싶어!'라는 욕구가 담겨 있는 것입니다.

최소한의 심리학

마지막 단계는 '부탁'입니다. 가족 간에는 원하는 걸 해 달라고 부탁할 때보다 원하지 않는 걸 하지 말라고 부탁할 때가 더 많습니다. 그렇지만 하지 말라는 말을 들으면 갑자기 더 하고 싶어지지 않던가요? 상대를 '청개구리'로 만들지 않으려면, 우리가 '원하는 것'을 부탁하는 것이 좋습니다. 바로 이렇게 말이죠.

원하지 않는 것: 엄마는 더 이상 내 성적에 상관하지 마.
원하는 것: 엄마가 나를 조금 더 믿고 응원해 줬으면 좋겠어.

편하고 가까운 사이일수록 상처를 주고받기 쉽습니다. 길 가다 스친 사람들보다 가족들이 더 못한 존재처럼 느껴져서는 안 되겠지요. 가족은 우리에게 '심리적 안전기지'나 다름없답니다. 언제든 다시 돌아가서 에너지와 자존감을 충전하는 곳이 되어야 하죠. 그런 소중한 가족을 의사소통 방식 때문에 서로 할퀴고 상처 준다면 너무 슬픈 일이 아닐까요? 이참에 가족들과 함께 의사소통 유형을 점검해 보는 건 어떨까요? 그리고 마음과 말이 일치하는 대화법을 다 같이 연습해 봅시다. 나도 모르는 새에 사랑하는 이들에게 상처 주지 않도록 말이죠.

16 원하는 것이 있다면

협상과 설득을 잘하는 법

언젠가 백화점에 갔을 때 있었던 일입니다. 운동화를 파는 매장에서 중학생 정도로 보이는 남학생과 어머니가 실랑이를 벌이고 있었습니다. 신상 운동화를 사고 싶은 아들과 사주지 않으려는 어머니 사이에 벌어진 작은 다툼이었죠. 마치 창과 방패의 싸움을 보는 듯했습니다. 엄마와 아들, 누구 하나 물러서지 않을 기세였거든요.

사실 이런 일은 남학생과 어머니만의 사정은 아닙니다. 학생 신분으로 용돈을 꼬박꼬박 모아 원하는 걸 사기까지는 시간이 오래 걸리니, 부모님이 통 크게 한번 사주셨으면 하는 마음도 들지요. 그런데 부모님께 원하는 걸 얻어내는 게 어디 쉬운 일이던가요. 이럴 때 부모님의 마음을 쉽게 돌릴 수 있는 방법을 안다면 참 좋을 텐데 말이죠.

우리가 어릴 때는 원하는 걸 얻어내는 게 비교적 쉬웠습니다. '으앙!'하고 한번 크게 울어버리거나 드러누워 떼쓰기만 해도 원하는 게 눈앞에 척척 주어졌죠. 그렇지만 그때보다 키도 훌쩍, 머리도 왕창 커버린 지금은 그러기 쉽지 않습니다. 왠지 이제는 그러면 안 될 것 같은 기분이 들기도 합니다. 더 이상 '떼쓰기 권법'이 먹히지 않는 지금, 원하는 걸 얻어낼 수 있는 보다 어른스러운 방법은 뭐가 있을까요?

어른들의 세계에서는 원하는 걸 얻어내는 아주 기본적인 방법 두 가지가 있습니다. 바로, '설득'과 '협상'입니다. 먼저 설득부터 알아볼까요? 설득은 나와 다른 생각을 가진 타인에게 내 생각이 옳다는 걸 이해시키고, 내가 원하는 방향으로 생각을 바꾸도록 이끄는 행동을 말합니다. 사람들은 모두 자기만의 입장과 생각을 가지고 있습니다. 그러니 무작정 내가 원하는 바만 고집하는 건 어린아이 같은 행동으로 비춰질 수 있죠. 대신, 상대가 왜 내 생각대로 움직여야 하는지 설명하고 이해시켜야 합니다.

심리학을 잘 알고 있다면 상대를 설득하는 데 아주 큰 도움이 될 수 있다는 사실을 여러분에게만 비밀스럽게 알려주고 싶은데요. 가장 대표적인 설득의 기법은 '문간에 발 들여놓기'입니다. 이 기법은 일단 작은 부탁을 한번 들어주고 나면 그다음에 더 큰 부탁을 쉽게 들어주는 심리를 활용한 것입니다. 즉, 상대에게 큰 부탁을 해야 할 때는 작은 부탁부터 먼저 해서 일단 들어주도록 하라는 것이죠.

이 기법은 심리학자 조나단 프리드만(Jonathan Freedman)과 스캇 프레이저(Scott Fraser)가 설계한 실험으로부터 유래되었습니다. 1966년, 이들은 미국 캘리포니아 주에 사는 가정주부들에게 전화를 걸었습니다. 집에서 사용하는 가전제품에 대한 질문을 한 후 답변해 주길 부탁했습니다. 사흘 뒤, 이 심리학자들은 똑같은 주부들에게 전화를 다시 걸었습니다. 이번에는 가전제품의 개수를 세어보기 위해 집에 대여섯 명 정도의 남자가 방문해 찬장과 창고를 살펴보아도 되는지 물었습니다. 여러분들이라면 뭐라고 대답할 것 같나요? 누군지 잘 알지도 못하는 사람이 갑자기 우리 집에 들어와 이곳저곳을 뒤져본다고 한다면요? 아마도 거부감이 들어 단칼에 거절하지 않을까요?

그런데 의외의 결과가 벌어졌습니다. 몇몇 주부들이 '그렇게 하라'고 허락해 준 것이었습니다. 이 주부들은 처음에 전화를 걸었을 때 질문에 흔쾌히 대답해 준 사람들이었습니다. 처음 했던 부탁에 '예스!'라고 말했던 주부들이 그렇지 않았던 주부들에 비해 두 번째 부탁을 들어줄 가능성이 두 배 이상 많았던 것이죠. 왜 이런 일이 발생한 것일까요?

주부들은 처음에 아주 작은 부탁을 들어줄 때까지만

해도 별다른 생각이 없었을 수 있습니다. 질문에 대답하는 정도는 크게 힘들일 필요 없으니 쉽게 부탁을 들어줬을 수도 있죠. 하지만, 일단 부탁을 들어주고 나자 생각이 달라졌습니다. 상대의 부탁을 들어줬다기보다, 마치 원래부터 가전제품에 대한 질문에 대답하는 것에 흥미를 느꼈던 것처럼 생각이 바뀌어 버린 것입니다. 얼핏 말도 안 된다는 생각이 들기도 하지만, 자신의 행동을 합리화하기 위해 사람들은 생각을 바꿔버리기도 한답니다.

따라서 가전제품에 대한 질문을 넘어, 직접 방문 조사하겠다는 비교적 '어려운' 부탁에도 주부들은 일관된 태도를 보였습니다. 자신이 흥미를 느끼는 활동이니 얼마든지 허락할 수 있다고 합리화하는 것이죠. 사소한 부탁을 들어주다 크고 어려운 부탁까지 들어주는 심리적 과정은 이렇게 일어납니다. '문간에 발 들여놓기'라는 기법의 이름처럼 일단 문을 열고 발 한쪽이라도 들여놓게 된다면, 그 집에 들어가 의자에 앉는 것은 시간문제라는 것입니다.

만약, 새 운동화를 가지고 실랑이를 벌였던 남학생이 이 기법을 사용해 본다면 어떻게 할 수 있을까요? 아마도 이런 방법이 가능하지 않을까요?

> 아들: 엄마, 저 수학여행 갈 때 입을 옷 좀 같이 골라 주세요!
> 엄마: 그래~
>
> (며칠 후)
>
> 아들: 엄마, 저 수학여행 갈 때 신을 새 운동화가 필요한데, 하나 사주실 수 있나요?
> 엄마: (?) 그래~

설득의 심리학을 전수했으니, 이제 협상의 기술을 알려줄 때가 되었군요. 설득이 '문 열기'라면 협상은 '얻어내기'라고 볼 수 있습니다. '얻어낸다'고 해서 무조건 내가 원하는 것만 강조할 수는 없겠지요. 그건 협상이라기보다 '협박'에 가까울지도 모릅니다. 그렇다면 협상이 '협박'이 되지 않으려면 무엇을 알아야 할까요?

협상은 나와 상대방 모두 이익을 얻어 '윈-윈(Win-Win)'하도록 만드는 의사소통 과정입니다. 무조건 내가 원하는 것만 고집해서는 협상이 이루어질 수 없겠죠. 상대방이 내게 원하는 것이 있다면 나도 양보할 준비를 해야 합니다. 그런 책임감 있는 태도가 협상에 임하는 기본자세입니다.

협상에 임하기 전 '협상 리스트'를 만들어보길 추천합니다. 협상 리스트를 만드는 건 어렵지 않습니다. 종이를 세 칸으로 나누어 봅니다. 첫 번째 칸에는 '반드시 얻고 싶은 것'을 써넣습니다. 두 번째 칸에는 '양보할 수 있는 것'을 써줍니다. 세 번째 칸에는 '내어줄 수 있는 것'을 적습니다. 이렇게 써보면 내가 가장 얻고 싶은 것이 무엇인지 한눈에 알 수 있다는 장점이 있습니다. 무엇을 양보하거나 포기할 수 있을지도 쉽게 알 수 있죠.

새 운동화를 사고 싶은 중학생의 이야기로 다시 돌아가 볼까요? 이 친구가 만약 협상 리스트를 쓴다면 어떻게 될까요? 이렇게 쓸 수 있지 않을까 싶군요.

반드시 얻어 낼 것	새 운동화
양보할 수 있는 것	꼭 'OOO' 브랜드 것만 고집하지 않는다.
내어줄 수 있는 것	수학여행을 다녀온 이후에는 일주일에 한 번 책상 정리하기

설득과 협상에 심리학 원리를 적용하니 훨씬 수월하게 느껴지지 않나요? 지금부터 설득과 협상의 방법을 연습하다 보면, 어느새 여러분들이 원하는 걸 얻을 수 있는 여러분만의 방법도 터득하게 될 거예요. 하지만 그 무엇보다 먼저 여러분 자신을 칭찬해주었으면 합니다. 무턱대고 떼쓰고 조르기보다 조금 더 성숙한 방법으로 여러분의 희망 사항을 이루려고 하는 그 모습을 말이죠!

17 다 내 탓이야!

나와 상대를 존중하는 법

> "왜 그렇게 화가 났어?
> 그렇다고 나한테 이렇게까지 화내도 되는 거냐?"

> "내가 언제 화를 냈다 그래? 먼저 화낸 건 너지!"

짜증과 화가 잔뜩 섞인 말을 서로에게 쏟아붓고, 친구와 등 돌린 후 집으로 돌아온 날. 온종일 마음 한편이 무겁습니다. 별것 아닌 일로 날을 세운 듯해 먼저 사과할까 고민하다가도, 이내 마음을 다시 닫아 버립니다.

'미안하다고 내가 먼저 사과할까? 에이, 아니야. 솔직히 먼저 짜증 낸 게 누군데?'

최소한의 심리학

생각할수록 친구도 참 너무합니다. 먼저 화를 낸 건 자기면서, 그런 적 없다고 우기다니요. 도리어 적반하장으로 내가 먼저 화를 냈다고 하니 어이가 없을 지경입니다. 닭이 먼저인지, 달걀이 먼저인지 따지듯 우리 둘 사이의 잘잘못을 가리는 싸움도 이대로 영원히 계속되는 걸까요? 계속 서로를 탓하기만 하면서 말이죠.

우리는 왜 상대를 '탓'하게 되는 걸까요? 어떤 감정들은 때로 우리를 불편하게 만듭니다. 짜증, 분노, 슬픔과 같은 감정이 대표적인데요. 부정적인 감정에 머무는 건 꽤 고통스러운 일입니다. 할 수만 있다면 최대한 빨리 그 감정을 벗어나고 싶어 하죠. 1분 안에 터지는 폭탄을 손에 들고 옆 사람과 서로 '폭탄 돌리기'를 하고 있다고 상상해 보세요. 내 손에 있는 폭탄을 얼른 상대에게 넘겨버리고 싶지 않을까요? '탓하기'는 바로 이런 상태입니다. 마음을 불편하게 만드는 감정을 들고 있기 어려워 상대에게 냅다 넘겨버리는 것입니다.

불편함을 피하려 하는 건 인간이라면 누구나 가지고 있는 자연스러운 욕구입니다. 그렇지만, '탓하기'를 되도록 그만두어야 하는 중요한 이유가 하나 있습니다. 우리의 불편한 감정을 던지기 쉬운 사람은 누구인지 한번 떠올려 봅시다. 그렇습니다. 가장 편안하고 친밀한 사람들입니다. 가까운 친구나 사랑하는 가족들

말이지요. 돌이켜보면 정말 그렇지 않나요? 얼굴만 조금 알고 지내던 친구에게 버럭 화를 내지는 않지만, 엄마나 아빠에게는 찬 바람이 쌩쌩 부는 짜증 섞인 말이 너무나도 쉽게 튀어 나갑니다.

마음속으로는 누구보다 그들을 아끼지만, 마음과는 달리 오히려 더 많이 상처 주는 행동을 해왔던 것이죠. 그깟 짜증 좀 낸다고, 설령 벌컥 화를 낸대도 가족이나 친한 친구들은 영영 나에게서 등 돌리지 않을 거라는 믿음이 기저에 깔려 있기 때문일 겁니다. 그렇지만 사랑하는 이들이 나로 인해 상처받고 슬퍼하기를 원하는 사람은 아마 그 누구도 없을 겁니다. 그렇다면 이제 '탓하기'를 멈추고 소중한 이들과의 관계를 지켜낼 방법은 무엇이 있을까요?

여러분은 '역지사지'라는 말을 들어보았을 겁니다. 역지사지는 나와 상대의 입장을 바꿔 생각해 보는 태도를 말하지요. 주로, 인간관계에서 불편한 감정이 일어나는 건 상대의 생각과 입장을 잘 헤아리지 못하고, 내 생각과 입장만 내세우기 때문입니다. '역지사지'의 중요성과 관련된 흥미로운 심리학 실험이 하나 있는데, 한번 들어볼래요?

스위스의 심리학자 장 피아제(Jean Piaget)는 실험을 하나 설계했습니다. 이른바, '세 산 실험'입니다. 6~7세 정도 된 유아를 테이블에 앉혀놓고 세 개의 산 모형을 차례대로 늘어놓았습니다. 그리고 유아가 앉은 자리의 반대편에 인형을 하나 앉힌 후에 피아제는 아이에게 물었습니다.

> "테이블 위에 늘어놓은 산 모형이 네 눈에 어떻게 보이니?
> 여기 있는 사진 중 네 눈에 보이는 것과
> 가장 비슷해 보이는 것을 골라보렴."

아이는 산의 모형을 유심히 보다가 사진을 한 장 골랐습니다. 아이가 보고 있는 산 모형과 가장 비슷한 풍경 사진이었죠. 피아제는 한 번 더 아이에게 물었습니다.

> "자, 이제 맞은편에 앉은 저 인형의 눈에는 산 모형이
> 어떻게 보일 것 같니? 인형의 눈에 보일 풍경과
> 가장 비슷한 사진을 골라보자꾸나."

아이는 잠시 고민하다가 사진을 한 장 집어 들었습니다. 그 사진은 아이가 처음에 골랐던 사진과 똑같은 것이었습니다. 반대쪽에 앉은 인형의 시선으로 바라보는 산 모형과 아이의 시선으로 바라보는 산 모형은 분명 달랐습니다. 하지만 아이는 인형도 자기가 보는 것과 똑같은 풍경을 보고 있을 것이라고 착각했습니다. 상대방의 관점이 자신의 것과 완전히 다를 수 있다는 사실을 아직 몰랐기 때문이죠.

이러한 현상은 6~7세의 유아들에게 공통으로 발견되었다고 합니다. 이 시기의 아이들은 '역지사지'를 어렵게 만드는 '자기중심적 사고'에 머물러 있기 때문입니다. 이 연령대를 벗어나면서 두뇌와 인지 체계가 발달하면, 비로소 상대의 관점이 나의 것과 다를 수 있다는 사실을 이해하기 시작합니다. 이 책을 보고 있는 여러분도 이미 6~7세의 유아기를 오래전에 벗어났을 것입니다. 그러나 우리는 때때로 자기중심적 사고에 다시 갇혀버릴 때가 있습니다. 내 기분이 앞설 때, 내 자존심을 무엇보다 중요시할 때 주로 그렇습니다.

나에게 중요하고 소중한 사람들을 위해 나의 기분, 자존심 같은 것들은 잠시만 내려놓아볼까요? 똑같은 상황이라도 나와 친구의 관점이 다를 수 있다는 사실을 가만히 떠올려 보는 거예요. '어떻게 그럴 수 있어?'라는 생각 대신 '그럴 수 있었겠다.'라고 생각해 보는 것이죠. '세 산 실험'에서 우리가 얻을 수 있는 교훈은 내 생각이나 관점만 무조건 옳은 건 아니라는 것입니다. 나도 옳고, 너도 옳다는 생각은 친구 사이에 불필요한 말다툼이나 감정싸움을 줄여줍니다.

만약, 아무리 역지사지를 실천하려 해도 여전히 기분이 풀리지 않는다면, 이 방법을 한번 써봅시다. 나 자신에게 조용히 질문해 보는 것입니다.

최소한의 심리학

"○○야, 지금 어떤 마음이 들어?"

감정을 알아차리는 것만으로도 감정은 상당 부분 해소됩니다. 보통은 내 감정을 알아차리기 어려워 마음이 힘들어지기 때문입니다. 감정을 한 번도 느낀 적 없는 것처럼 도려낼 수는 없지만, '잔해'가 남지 않도록 해결할 수는 있습니다. 그 해결법이 바로 '알아차림'입니다.

나도 모르게 친구에게 자꾸만 짜증을 내고 있다면, 혹은 친구가 나에게 이유 없이 짜증 내는 것처럼 느껴진다면, 제일 먼저 나에게 물어보는 거예요. 지금 내 마음이 어떤지 말이죠. 어린아이에게 물어보듯 다정하고 나긋나긋하게 묻다 보면, 우리의 감정을 알아차릴 수 있습니다. 내 마음이 어떤지 묻고 알아차리는 것만으로도 감정의 '폭탄 돌리기'는 손쉽게 멈출 수 있답니다.

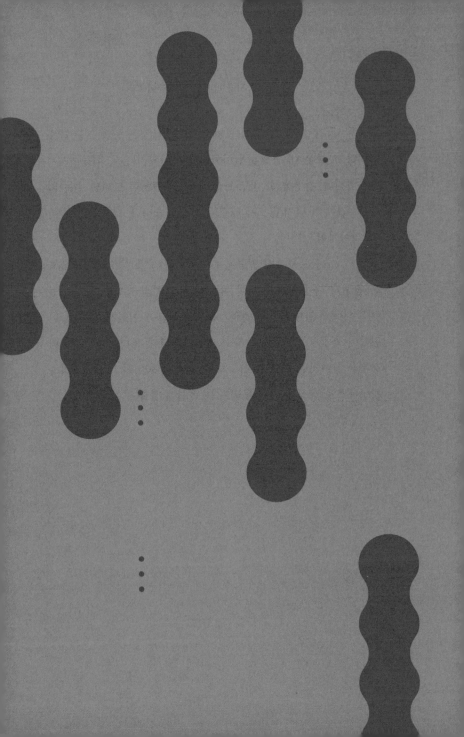

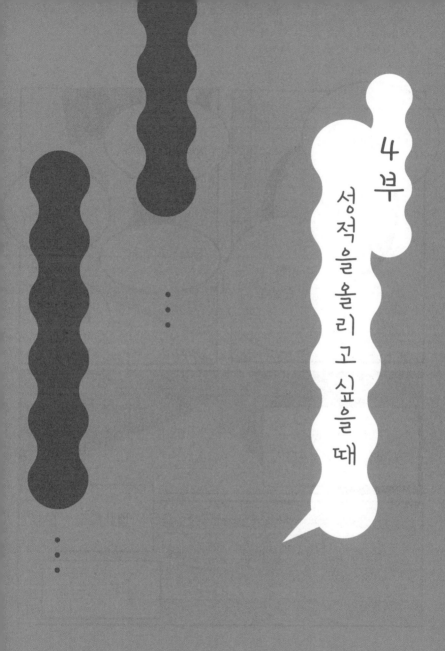

4부
성적을 올리고 싶을 때

18 시험에서 답을 밀려 쓰는 상상

시험불안을 낮추는 법

어젯밤부터 머리가 아프고 어지러운 것 같았는데 등교 준비를 하다가 속이 좋지 않아 먹은 것을 다 토했습니다. 오늘은 중간고사가 시작되는 첫날인데, 이런 컨디션으로 시험을 볼 수 있을지 걱정이 앞섭니다. 지난번 기말고사 때도 배가 아파 시험을 망쳤는데, 중간고사를 앞두고 또 이런 일이 생기고 말았네요.

중요한 시험을 앞두고 마음이 편한 사람은 없을 거예요. 시험을 준비하는 동안 스트레스도 쌓이고, 공부를 하느라 체력적으로 지쳐있을 수 있습니다. 시험 당일에는 과연 공부한 것을 잘 기억해 낼 수 있을지 목표로 했던 결과가 나올지에 대해 걱정이 되기도 하고요. 다음의 내용을 보고 비슷한 경험이 있었는지 여러분의 경험과 비교해 보세요.

☐	시험기간이 발표되면 긴장되고 걱정이 돼서 공부를 하려 해도 집중이 잘되지 않는다.
☐	실수를 해 시험을 망쳐 성적이 떨어지는 상상을 계속하게 된다.
☐	시험 당일 머리가 아프거나 배가 아파 컨디션이 나빠져 시험을 망친 적이 있다.
☐	시험지를 받고 머리가 하얘지고, 공부한 것이 하나도 기억나지 않았던 적이 있다.
☐	시험이 끝난 후 답안지 작성을 잘못했을 것 같다는 생각 때문에 다른 일을 할 수 없다.
☐	목표한 결과가 나오지 않으면 주변 사람들이 나에게 실망할 것 같아 걱정이 된다.

위와 비슷한 경험이 있었나요? 여러 항목에 해당된다면 여러분은 '시험불안'을 경험하고 있을 수 있습니다. 시험뿐 아니라 중요한 일을 앞두고 우리는 불안이라는 감정을 쉽게 느낄수 있어요. 시험이나 평가를 앞두고 사람들이 경험하는 불안에 대해 연구한 조지 맨들러(George Mandler)와 시모어 사라슨(Seymour Sarason)은 시험불안에서 경험되는 두 종류의 불안을 찾아냈습니다. 하나는 시험을 앞두고 좋은 결과를 얻기 위해 계획을 세우고 이를 실천하게 만드는 불안이고, 또 다른 하나는 시험과 관련해 갖게 되는 걱정에서 만들어진 불안입니다.

불안이라는 감정을 다르게 표현하면 우리가 아주 흔하게 사용하는 '걱정'이라는 단어가 떠오르는데요. 우리는 중요한 일을 앞두고 걱정을 하기 때문에 미리 계획을 세우고, 좋은 결과를 얻기 위해 노력을 하죠.

그래서 맨들러와 사라슨은 적당한 불안은 일을 수행하는 데 더 좋은 효과를 내기 위한 노력을 촉진시키는 긍정적인 기능을 한다고 말합니다. 적절한 불안을 느끼는 것은 오히려 좋은 결과를 만들어주는 작용을 한다는 것이죠. 그러나 과도한 걱정에서 비롯된 불안은 오히려 집중을 방해해 수행의 결과를 좋지 않게 만들죠. 특히 시험불안은 시험이라는 상황을 두고 시험 이전, 시험기간 동안, 시험이 끝난 후에 계속해서 불안감을 느끼고 감정적인 부분뿐 아니라 신체적인 증상까지 만들어 시험을 망치게 하는 결과를 가져옵니다.

시험불안은 시험을 준비하는 과정부터 문제를 발생시킬 수 있습니다. 우리가 어떤 일을 수행하는 데 방해를 하는 감정이기 때문에 특히 집중력을 높여야 하는 시험기간에는 방해가 됩니다. 시험 불안이 높은 경우 일이 잘못될 것 같다는 부정적인 상황을 계속해서 상상하게 되고, 아직 일어나지 않은 미래에 대해서도 끊임없이 상상을 하다 보면 집중이 떨어져, 시험 결과가 좋을 수 없을 거예요. 하루 동안 공부할 분량을 계획했지만 걱정을 하느라 목표량을 채우지 못하고 다시 시험결과를 걱정하게 되는 악순환이 일어나게 됩니다.

또한 불안은 신체적으로 긴밀하게 연결이 되어있는 감정 중 하나입니다. 즉, 불안을 느끼면 이를 통제하기 위해 우리의 신체기관이 반응하게 되는데요. 몸이 긴장되고, 신경을 쓰다 보니 두통이나 복통, 소화불량과 같은 신체적인 문제를 일으키게 됩니다. 어떤 특별한 상황에 긴장을 했던 경험이 있으면 우리의 뇌는 이 느낌을 잘 기억하게 되는데요. 그래서 비슷한 상황이 오면 이전의 긴장했던 감각적인 느낌이 다시 되살아나 특정 상황에서 일으켰던 문제들을 다시 반복하게 되지요.

불안을 경험하는 사람들은 실제보다 상황을 더 과장되게 받아들이는 경향을 보이는데, 모든 주의를 걱정하는 사건에 집중하고 있기 때문입니다. 시험이 걱정되다 보니 시험에 대해 계속해서 생각하고, 시험을 생각하니 다시 불안함이 느껴지는 생각이 꼬리에 꼬리를 물고 늘어지는 걱정의 늪에 빠지게 되는 거죠.

시험불안이 높다면 시험에 집중되어 있는 생각의 방향을 다른 곳으로 바꿔보는 시도를 하는 게 좋습니다. 먼저, 시험에 대한 걱정과 생각에 빠져있기보다 몸으로 느껴지는 불안한 상태를 구체적으로 표현해 보는 것을 추천하고 싶어요. 이런 시도는 주의를 나의 몸으로 가져오고 불안이 몸에서 어떻게 느껴지는지를 객관적으로 바라보게 하는 효과를 가져옵니다.

다음은 불안을 구체적으로 서술해 보는 예시입니다.

'시험을 생각하기만 해도 가슴이 두근거리고, 심장이
오그라드는 것 같은 느낌이 들어.'
'손이 떨리고, 체한 것 같이 속이 답답해. 토할 것 같
아. 하지만 진짜 먹은 걸 토할 것 같지는 않아.'

그다음은 시험이라는 '걱정에 대한 주제'가 아닌 '다양
한 주제'로 생각을 전환시키는 것입니다. 시험이 끝난 후 내가 느
낄 감정과 계획에 대해서 생각해 보는 것도 좋습니다.

'시험 끝나면 그날은 친구들과 하루 종일 놀고, 게임도
실컷 해야지.'
'좋아하는 가수가 곧 새로운 앨범을 가지고 나온다는
데, 꼭 사야지.'
'가족들이랑 바다로 여행을 가기로 했는데, 어떤 옷을
입고 가지?'

공부한 것을 확인하는 시험을 볼 때나 다른 사람 앞에

서 평가를 받아야 할 때는 누구나 긴장감을 느낍니다. 다른 사람들은 아무렇지 않은데, 나 혼자만 멘탈이 약해서 잘 버티지 못하는 것이 아닙니다. 여러분도 힘들고 어려운 상황을 극복하고 해결해 본 경험이 있을 거예요. 시험으로 불안감을 느끼고 있다면 여러분이 가지고 있는 그 경험이 불안을 가장 효과적으로 극복하는 전략이라는 것도 꼭 기억해 주세요.

19 열심히 외웠는데 뒤돌면 까먹는 이유

기억력을 높이는 법

"읽고 또 읽어도 왜 이렇게 금방 다 까먹는 거야!!!"

하루 종일 외웠지만 시험지를 받자마자 아무것도 기억나지 않아요. 분명히 외웠다고 생각했는데 머리가 새하얘지며 쉬운 단어 하나 생각이 나질 않습니다. 도대체 왜 이렇게 기억나지 않는 걸까요? 머리가 나빠서 그런 걸까요?

기억이란, 경험을 통해 새로운 내용을 학습하고, 그 절차를 익혀 필요한 경우 그 경험을 다시 꺼내 쓰는 과정을 말합니다. 여기서 경험은 꼭 몸으로 익히는 것만을 의미하지는 않습니다. 새로운 정보를 듣고, 몰랐던 내용을 학습하는 것도 경험에 포함되지요. 기억의 기본적인 처리과정을 살펴보면 먼저 새롭게 학습한 정보를 부호화하는 과정을 거쳐야 해요. 부호화 과정을 통해 기억은 저장되는데요. 이렇게 부호화 한 정보를 저장하고, 저장시켜 둔 정보를 필요한 상황에 맞게 꺼내 사용하는 것을 기억의 인출 과정이라고 합니다. 우리가 '기억난다'와 같은 말을 할 수 있는 것은 잘 저장된 정보를 잘 꺼낼 수 있다는 것을 의미하지요.

시간이 지나도 과거의 정보를 기억해 낼 수 있는 것이 '장기기억'이라면 짧은 시간 동안 집중해 과제 수행에 필요한 정보를 기억하는 것을 '단기기억'이라고 합니다. 장기기억과 단기기억은 기억되는 내용이 아니라 시간에 따라 구분할 수 있어요. 단기기억도 반복으로 익숙해져 쉽게 인출된다면 장기기억으로 저장되어 시간이 지나도 잘 잊히지 않습니다. 구구단을 예로 들어볼까요? 처음에는 숫자가 더해지는 과정을 애써 외워야 했지요. 그러나 오랫동안 구구단을 반복해 외우고 사용하다 보니 지금은 자다가도 기억할 수 있을 만큼 장기기억에 저장되어 있습니다.

친구가 자신이 키우는 강아지 사진을 보여주며, '꼬미'라고 이름을 알려주면 우리는 친구의 강아지와 '꼬미'라는 이름을 연결 지어 기억합니다. 이런 기억을 '관계기억'이라고 해요. 어떤 상황과 정보를 짝지어 기억하는 과정이 자동적으로 일어나는 것인데, 이렇듯 기억을 하게 되는 과정은 다양한 연결과정을 통해 우리의 머릿속에 저장될 수 있어요.

또 기억을 외현기억(Explicit memory)과 암묵기억

(Implicit memory)으로 구분하기도 합니다. 외현기억은 이전에 경험한 것을 의식적으로 기억해 내는 것입니다. 학습을 하는 데 있어 새롭게 알게 된 정보들을 기억해 내는 과정이 외현 기억과 관련되어 있을 수 있어요.

'어제 저녁으로 먹은 음식이 뭐였지?'
'선생님이 시험에 꼭 나온다고 했던 문화재가 어떤 거였지?'

암묵기억은 반복적인 수행을 통해 형성됩니다. 구체적으로 그 과정을 서술할 수는 없지만 자동적으로 기억하는 것을 말하지요. 예를 들어, 자전거 타는 방법을 배우고 한참 동안 자전거를 타지 않아도 다시 자전거를 탔을 때 몸이 기억합니다. 신발 끈을 묶는 일도 비슷합니다. 순차적인 정보를 꺼내 암기된 내용을 따라 행동하는 것이 아니라 자동적으로 손이 움직이지요.

기억해야 할 정보를 잘 부호화시키면 기억력이 좋아집니다. 반복적으로 사용한 정보나 특별한 특징과 짝지어진 정보에 대해서도 더 잘 기억하게 되지요. 단기기억보다 장기기억으로 더 잘 저장된다는 것도 기억의 과정에서 나타나는 특징입니다. 특히 몸으로 익힌 정보의 경우 그 과정을 자동적으로 기억해 꺼내 쓸 수 있습니다.

　　기억력을 높이고 싶다면, 무조건 시간을 투자해 외우기보다 학습에 대한 동기부여를 만드는 것이 좋습니다. 하기 싫은데 억지로 하는 것은 효과가 떨어질 수밖에 없지요. 그리고 공부하고 있는 내용을 마치 하나의 이야기가 되도록 흐름을 만들어보세요. 드라마를 한 번 보고도 다음날 친구에게 드라마 내용을 말해준 적 있지요? 대사 한 마디 토씨 하나 안 틀리고 외운 것은 아니지만 전체적으로 어떤 일이 벌어졌고, 그 일로 이후에 어떤 문제가 발생을 했는지에 대한 흐름을 알고 있기 때문에 한 번 봤던 드라마도 기억할 수 있는 거죠.

　　집중해서 암기해야 할 때에는 하나의 정보만 처리하는 것이 도움이 됩니다. 새로운 정보를 부호화해 저장하는 과정을 거치기 때문에 공부하면서 음악을 듣거나 영화를 틀어놓으면 정보 저장에 많은 간섭이 생깁니다. 일상생활에서 들리는 백색소음과 달리 특정 정보를 담고 있는 음악이나 동영상 시청 등은 방해 요소가 될 수 있습니다.

　　기억을 잘 하기 위해서는 기억하는 방법이 다양할수록 좋습니다. 가장 대표적인 것이 누군가에게 설명하듯이 말하는 것이죠. 설명하듯 말하는 것이 어색하다면 혼자 칠판에 써 내려가듯 암기할 내용을 노트에 적는 것도 도움이 됩니다.

마지막으로 가장 실천하기 쉽고, 기억력에 도움이 되는 방법을 알려드릴게요. 바로 수면입니다. 잠은 기억력을 향상시키고 기억하려고 애쓴 내용을 잘 저장하도록 돕는 중요한 역할을 합니다.

　　최근 과학자들이 기억과 수면의 관계에 대해 많은 연구들을 하고 있는데요. 충분한 수면이 기억력을 향상시키는 데 도움을 준다고 해요. 앞에서 우리의 기억은 새로운 정보를 부호화해 저장하는 과정, 즉 뇌에 응고하는 과정을 거친다고 했습니다. 잠을 자는 동안 응고 과정이 잘 이루어지기 때문에 다른 정보의 간섭을 받지 않고, 원래의 정보 그대로 잘 유지되는 거죠. 기억한 내용을 잘 저장시켜두기 때문에 필요한 경우 원래 상태 그대로 잘 인출할 수 있습니다.

　　시험공부를 열심히 한 후나 새로운 정보를 습득한 후 충분히 수면을 취하세요. 공부한 것을 자는 동안 잊어버리면 어쩌나, 걱정하지 않아도 되니까요.

20 공부만 하면 시작되는 딴짓

집중력을 올리는 법

간단한 테스트를 해볼게요. 아래 제시된 여러 개의 단어들 중 맞춤법이 잘못된 단어를 찾아내면 됩니다. 단, 5초 정도 짧은 시간 동안 찾아내야 합니다. 그럼 시작!

푸른하늘 푸른하늘 쿠른하늘 푸른하늘
푸른하늘 푸른하늘 푸른하늘 푸른하눌

결과는 어땠나요? 2개의 잘못 작성된 단어를 찾았나요? 세 번째 '쿠른하늘', 다섯 번째 '푸른하눌'을 찾아냈다면, 테스트에서 제시한 "맞춤법이 잘못된 단어를 찾으세요"라는 지시에 주의를 기울여 집중했기 때문입니다. 반면 모든 단어가 '푸른하늘'로 읽혔다면 늘 익숙하게 읽어왔던 단어에 자동적으로 반응했기 때문이에요.

　　이처럼 많은 정보 중에서 특정 정보를 선택해 그것을 깊이 있게 집중해 처리하는 과정을 '주의(Attention)'라고 합니다. 맞춤법이 잘못되어 있다는 지시문에 집중을 했기 때문에 '푸'와 '쿠'를 구별해 내고, '늘'과 '눌'의 차이를 찾아낼 수 있었던 거죠.

　　정보 선택을 시작으로 지속적으로 주의상태를 유지시켜야 필요한 수행을 해낼 수 있는데요. 어떤 일을 시작하고 마칠 때까지 지속적으로 주의를 유지하는 능력을 집중력의 정도로 이해할 수 있어요. 이것을 '주의폭'이라고 합니다. 어떤 목표 행동을 수행하는 동안 집중을 유지하는 능력으로 특히 긴 시간 동안 집중해 일을 수행하는 데 중요한 능력입니다. 긴 시간 집중을 유지하는 것도 중요하지만 선택적으로 필요한 정보와 해야 할 일을 찾아 그 부분만 집중하는 것도 중요하니까요.

　　목표로 하는 것을 수행하기 위해 집중하고 주의를 기울이는 데 어려움이 있는 경우 '산만하다.', '집중력이 부족하다.'는 이야기를 듣게 되는데요. 다음은 주의력 결핍의 정도를 판단해 보는 체크리스트입니다.

☐	흔히 주의를 잘 기울이지 못하고, 학업이나 다른 활동에서 부주의한 실수를 저지른다.
☐	흔히 일(학습)을 하거나 놀이를 할 때 지속적으로 주의를 집중할 수 없다.
☐	흔히 다른 사람이 말을 할 때 잘 듣고 있지 않는 것으로 보인다.
☐	흔히 지시사항을 지키지 못하고, 학업이나 일을 수행하는 데 있어 하기 싫거나 이해를 못 한 것이 아님에도 마무리를 하지 못한다.
☐	흔히 과제와 활동을 체계화하지 못한다.
☐	흔히 지속적인 주의를 기울여야 하는 과업(학업 또는 숙제 등)을 피하려 하고, 싫어하고, 저항한다.
☐	흔히 활동하거나 숙제하는 데 필요한 물건들(예: 준비물, 장난감, 도구 등)을 잃어버린다.
☐	흔히 외부의 자극에 의해 쉽게 주의가 분산되어 산만해진다.
☐	흔히 일상적인 활동을 잊어버린다.

체크리스트는 주의력이 결핍되어 일상생활에서 불편함을 경험하고, 문제 행동을 보이는 경우에 해당되는 내용입니다. 일상생활을 하기 어려운 정도는 아니지만 주의 집중이 잘 되지 않아 학습에 어려움을 호소하지요.

반대로 집중이 잘 되고, 자동적으로 주의를 기울이게될 때는 언제일까요? 좋아하는 것, 관심이 가는 것, 하고 싶었던 것, 재미있고 흥미를 끄는 것에는 누가 시키지 않아도 주의를 기울이고, 오래 집중을 합니다. 주의는 이렇게 어느 방향으로 향하

최소한의 심리학

는 특성을 가지고 있습니다. 우리가 어떤 것에 집중을 하게 되는 원리를 이해하면 좀 더 쉽게 주의력을 높일 수 있어요.

우리 뇌는 여러 가지 정보 중에서 특정한 정보에 주의를 기울이는 방향에 따라 '상향주의 선택(Bottom-up attentional selection)'과 '하향주의 선택(Top-down attentional selection)'을 하는 경향이 있습니다.

상향주의는 제시되는 정보나 자극 그 특성 자체가 주의를 끌어 우선적으로 선택하는 것입니다. 길을 가다가 흘러나온 음악이 좋아하는 가수의 노래여서 나도 모르게 노래에 집중하고 따라 부른 경험이나, 사람들 속에서 유난히 화려하고 눈에 띄는 옷을 입은 사람에게 시선을 준 경험을 해봤을 거예요. 이처럼 외부의 자극에 주의를 향하게 하는 것을 상향주의라고 합니다.

하향주의는 자신이 어디에 주의를 둘 것인가를 결정하고 그 결정에 따라 주의를 기울이는 방향이 결정되는 것을 의미합니다. 마트에서 과자를 고를 때 내가 제일 좋아하는 과자를 찾는 데에만 집중하게 되는 경우, 이번 시험 범위가 1~2단원이라면 이 범위에 집중을 하며 시험준비를 하는 것이 해당됩니다.

반복적인 연습과 훈련으로 주의력을 높이는 것은 충분히 가능합니다. 집중해야겠다고 마음먹어도 생각만큼 행동으로 실행되지 않는다면, 환경을 변화시키는 것도 좋은 방법이죠.

무엇보다 중요한 것은 '구체적인 목표'를 세우는 것입니다. 구체적인 목표는 되도록 쪼개어 작은 것으로 나누는 것이 좋습니다. 작은 목표는 방해요소가 적을 가능성이 높기 때문에 목표를 달성할 가능성도 높습니다. 성공 경험이 습관이 되면 자신에 대한 믿음이 커지고, 해볼 수 있다는 자기 확신이 커집니다.

마지막으로 환경조건을 바꾸는 것도 주의력을 높이는 데 도움이 됩니다. 우리의 뇌는 다양한 감각이 이끄는 곳으로 주의를 기울이는 경향이 있습니다. 좋아하는 향으로 공간을 채우거나 집중이 잘 되는 장소를 선택하는 것도 좋은 방법입니다. 노트나 필기도구 등 좋아하는 물건들을 준비하는 것도 도움이 됩니다.

혹시 자신을 집중력이 낮은 사람이라고만 생각하진 않았나요? 결과보다 과정이 중요할 수도 있지요. 열심히 했는데 결과가 안 나왔던 경험이 한두 번 있었다면 이번에도 그러면 어떡하지 걱정하느라 집중하기 어려웠을지도 몰라요.

> "무엇에 집중할 것인가? 어떻게 집중할 것인가?"

목표로 삼는 것에 다가가기 위해 이 질문을 던져보세요. 아주 작은 목표도 좋아요. 이렇게 반복하다 보면 나만의 집중력 노하우를 가질 수 있을 거예요.

21 벼락치기가 일상인 나에게

할 일을 미루지 않는 법

내일은 수행평가 마감일입니다. '독서록 작성하기'와 '수학노트 정리하기' 두 개의 수행평가 과제가 있는데, 아직 시작도 못했습니다. 내일이 제출 마감이라는 것을 알면서도 침대에 누워서 좋아하는 가수의 영상을 계속 보고 있어요. 어제부터 해야겠다고 미리 계획을 세우긴 했지만 친구와 갑자기 약속이 잡혀 노느라 못 끝낸 숙제를 오늘 하겠다고 다짐했는데…. 벌써 밤이 되었습니다. 지금 당장 독후감을 쓰기 시작해야 오늘 안에 대충이라도 수학노트 정리를 끝낼 수 있는데 말이죠.

심리학에서 해야 할 일이 있음에도 그 일을 실행하지 않고 미루는 행동을 '지연행동(Procrastination)'이라고 합니다. '오늘 할 일을 내일로 미루지 말자.'가 아닌 '오늘 할 일은 내일로 미루자.'라는 행동이 반복되다 보니 이제는 그때그때 일을 해내는 것이 당연한 것이 아니라 가장 힘든 일이 되어버렸습니다.

'지연행동'의 유형에는 과제나 시험공부 등 학업 관련한 일을 미루는 행동과 의사결정을 내리는 것을 미루는 행동 유형이 있습니다. 두 유형 모두 현재 상황을 회피하는 행동을 보이며, 목표로 하는 행동이나 과제에 집중하지 못하고 다른 것에 주의를 분산시키는 산만한 행동 태도를 보인다는 특징이 있습니다.

미루는 행동이 좋은 결과를 가져오지 못한다는 것을 알면서도 '지연행동'을 반복하는 데에는 다양한 이유가 있습니다. 하나는 지금 해야 할 일을 하는 것보다 더 재미있고, 흥미로운 것이 있기 때문이고, 다른 하나는 해야 할 일에 대해 자신이 없어 당장 그 일을 시작하기가 걱정되기 때문일 수 있습니다. 심리적인 이유도 있는데요. 마음이 우울하거나 불안할 때, 혹은 좋지 않은 일로 화가 나 마음이 안정되지 않을 때에도 지금 해야 할 일에 집중하는 것이 어려울 수 있습니다.

미루는 것이 습관이 된 사람들이 보이는 공통적인 행동 및 의사결정의 특징이 있어요.

'지금 하던 게임 딱 한 판만 하고, 숙제 시작해야지.'
'영어단어도 외워야 하고, 수학문제집도 풀어야 하는데 뭐부터 시작하지?'

'한 시간 정도면 충분히 할 수 있을 것 같은데? 이따가 자기 전에 한 시간 동안 해야겠어.'

'이것만 하고'라는 생각은 많이 해봤을 거예요. 비장하게 각오한 것으로 착각을 하게 만드는데요. 사실은 이미 재미있는 것에 흥미를 뺏겨버려 이후에 해야 할 목표 행동은 2순위로 밀려나 버린 것입니다. 즐거운 것에 이끌리는 것은 사람의 본능이기 때문에 흥미를 유발하는 자극은 나의 목표행동과의 경쟁에서 이길 수밖에 없습니다.

'지연행동'을 보이는 사람들에게는 일의 중요도를 파악해 의사결정을 내리는데 어려움이 있다고 합니다. 일에는 우선순위라는 것이 있는데, 우선순위의 기준은 시간과 중요도에 있습니다. 빨리 해야 하는 일과 천천히 해도 되는 일, 집중을 해서 신경을 써야 하는 중요한 일과 다소 가볍게 처리해도 되는 일로 나눌수 있어요. 이런 기준에 따라 해야 할 일을 구분하고 순서를 정해계획하는 것이 잘되지 않을 경우 일을 시작하지 못하고 계속해서 고민만 하며 일을 미루게 되는 경우도 많습니다.

나의 능력과 주어진 과제의 난이도를 잘 파악하지 못하면 제시간에 맞춰 일을 끝내기 어려워질 수 있어요. 한 시간이면 충분할 거라고 예상했는데, 막상 시작해 보니 예상한 시간 안에 끝내기가 어렵다는 것을 확인하게 되면 당황스럽기도 하고 일을 끝내지 못할까 봐 불안감을 느끼게 됩니다. 잘 해내지 못할 거라는 실패감과 불안감은 당면한 문제를 회피하도록 만드는 원인이 되기도 합니다.

　　지연된 행동이 섣부른 판단을 하지 않도록 하는 데 도움이 될 수 있지만 대부분의 경우는 일을 하지 않으면서 느끼는 초조함과 불안감이 더 클 수 있습니다. 초조하고 불안하기 때문에 무의식적으로 불편한 감정을 느끼지 않으려고 더 흥미 있는 일을 찾아 그것에 몰두하는 행동을 하게 되는 거죠. 어떤 행동을 지금 당장 하지 않고 미루는 데에는 '별로 하고 싶지 않은 일'이기 때문이라는 것에는 모두가 공감할 것 같아요. '하고 싶지 않은 일'이지만 '해야 하는 일'이라면 '지연행동'을 멈출 수 있는 방법이 필요할 것 같습니다.

　　'프리맥의 원리(Premack principle)'는 '하기 싫은 것'을 하면 '좋아하는 것'을 할 수 있는 기회를 주어 목표 행동을 미루지 않게 하는 원리입니다. '지연행동'을 수정할 수 있는 가장 좋은 방법은 '보상'을 주는 것입니다. 여기서 '보상'은 다른 표현으로는 '나의 최애'로 이해하면 좋을 것 같네요.

> "학습지 두 장 풀고 놀이터에 나가서 놀자!"

어릴 적 부모님에게 많이 들었던 이야기일 텐데요. 이 예시가 '프리맥의 원리'를 가장 잘 설명하고 있습니다. 이제는 스스로 '프리맥의 원리'를 적용해 보면 좋을 것 같습니다.

나에게 주는 보상의 내용은 당장 할 수 있는 내용이 될 수도 있고, 시간을 두고 오랫동안 준비해야 얻을 수 있는 것이 될 수도 있어요. 이 내용을 적어 책상이나 늘 보게 되는 장소에 붙여 두고 곧 있을 좋은 일들을 계속해서 상상하게 만드는 거예요.

나에게 주는 보상

(예: 숙제 끝나고 누워서 한 시간 동안 폰 하기, 갖고 싶었던 옷 사기 등)

시간에 쫓기듯 지내는 것이 아니라 주도적으로 할 일을 해내는 것이 작지만 성공의 경험이 될 수 있어요. 이런 경험이 반복이 된다면 여러분은 성공을 습관처럼 해내는 사람이 될 수 있을 거예요.

22 공부만 하려고 태어난 건 아닌데

학업 스트레스를 관리하는 법

"아침 일찍 학교 가는 것도 힘든데 수업이 끝나면 바로 학원에 가요. 배고프면 컵라면이랑 삼각 김밥으로 대충 때우죠. 집에 와도 바로 못 자요. 숙제가 엄청 많거든요. 이게 중학생의 삶이라니, 말이 돼요? 내가 공부만 하려고 태어난 건 아닌데 말이에요."

마지막 말에 빵 터지고 말았습니다. 쉴 새 없이 이야기를 쏟아내는 중학교 2학년. 앳되고 귀여운 모습이었는데 말하는 건 중년 어른 같았으니까요. 학업 스트레스가 너무 커서 위장장애와 수면장애까지 생겼다고 했습니다. 상담실에 오기 전에 무얼 좀 먹었냐고 물어보니 피자를 먹고 왔다고 했습니다. 위장장애가 있는데 밀가루라니, 걱정은 되었지만 잔소리로 들릴까 봐 말은 하지 않았습니다. 대신 아이가 하는 말에 귀를 기울였습니다. 상담실까지 찾아온 것을 보면 풀고 싶은 스트레스, 하고 싶은 이야기가 아주 많아 보였기 때문입니다.

스트레스는 '팽팽하게 죄다'라는 뜻을 가진 라틴어 스트링게르(stringer)를 어원으로 한다고 알려져 있습니다. 우리가 불편함을 느낄 때 스트레스를 받는 것을 보면 팽팽하게 조인다는 말이 딱 들어맞는 것 같네요. 숨이 막힐 만큼 팽팽한 상태를 스트레스로 여길 때도 있었겠지만, 요즘엔 스트레스가 '특별한' 상황이 아니라 '일상적' 상황이 된 것 같습니다. 아주 어린아이들도 스트레스라는 말을 쓰는 걸 보면 말입니다. 너도 나도 스트레스라는 말을 자주 쓰다 보니 스트레스라는 말 자체가 스트레스를 느끼게 할 때조차 있는 듯합니다. 그래서인지 심리학에서도 스트레스를 연구하는 학자들이 많습니다. 운동이나 명상 등 스트레스를 낮추는 방법도 많이 나와 있지요.

일반적으로 스트레스는 부정적인 의미로 다가옵니다. 오죽하면 만병의 근원이 스트레스라고 할까요. 실제로 스트레스 지수가 높을 경우 주의력이 낮아지고 기억력이 떨어지며 대인관계에도 부정적인 영향을 미칩니다. 흔하게 일상에서 겪는 증상으로는 평소보다 짜증이 많아지고 부정적인 생각을 반복하며 식욕이 갑자기 늘거나 저하되기도 하지요.

스트레스의 원인은 다양합니다. 목표를 이루지 못했을 때 낙담하거나 시험을 잘 못 봤을 때 불안하거나 과도한 부담감을 느끼는 등 심리적 이유뿐만 아니라 갑작스러운 이사 등 환경의 변화, 체력 저하와 같은 신체적 이유로도 스트레스를 받습니다. 즉, 기존의 상황과 다른 변화가 일어나면 우리는 적응을 하기 위해 긴장을 하게 되고 그 긴장감이 스트레스를 유발하는 것이지요.

그런데 스트레스가 꼭 나쁘기만 한 걸까요? 물론 부정적인 측면도 있지만 스트레스의 긍정성도 찾아볼 수 있지 않을까요? 심리학자 켈리 맥고니걸(Kelly McGonigal)이 했던 생각을 우리도 함께 해볼까요? 다음은 스트레스에 대한 상반된 생각입니다.

A : 스트레스는 해로우므로 반드시 피하고 줄여야 한다.
B : 스트레스는 유용하므로 반드시 수용하고 활용해야 한다.

만약 우리가 어떻게 생각하느냐에 따라 스트레스를 긍정적으로 활용할 수 있다면 여러분은 둘 중 어떤 선택을 하고 싶나요? 저는 B를 선택하고 싶습니다. 불가능한 소망이 아니라 실제로 가능한 일이기 때문이죠. 같은 일을 겪어도 누군가는 스트레스를 크게 받지만, 누군가는 덜 받습니다. 시험을 앞두고 불안을 느

최소한의 심리학

끼는 정도가 사람마다 다른 것처럼 말입니다. 왜 이런 일이 생길까요? 그 일이 진짜 스트레스라면 모두 똑같은 스트레스를 받아야 할 텐데요.

스트레스에 대한 선입견을 바꾼 흥미로운 실험을 소개하겠습니다. 1998년 미국 성인 3만 명을 대상으로 스트레스에 대한 연구를 한 적이 있었습니다. 작년 한 해 동안 경험한 스트레스가 얼마나 컸는지 물으면서 스트레스가 건강에 해롭다고 믿는지도 같이 질문했지요. 8년 뒤 이 연구를 진행했던 사람들이 3만 명의 참가자들의 사망률을 확인했더니 스트레스 수치가 높은 사람들의 사망 위험이 43퍼센트 증가했다고 합니다. 그런데 실험 결과, 무척 재미있는 사실이 한 가지 밝혀졌습니다. 스트레스가 건강에 해롭다고 '믿었던' 사람들만 사망 위험이 증가했던 겁니다. 스트레스 지수는 높았지만 스트레스가 해롭다고 '믿지 않은' 사람들은 사망 위험이 증가하지 않았던 것이지요.

이것이 의미하는 사실은 무엇일까요? 스트레스가 해롭다고 믿을 때, 스트레스는 해로운 것이 된다는 것입니다. 똑같은 일을 겪어도 스트레스를 다르게 겪는 이유가 바로 이것입니다. 그 일을 '어떤 시각'으로 바라보느냐에 따라 스트레스가 되기도 하고, 스트레스가 안 되기도 하는 것이지요. 스트레스를 중요하게 다루되 위협적으로 무서워할 필요는 없습니다. 중요한 것은 스트레스에 대해 치우치지 않고 균형 있는 시각을 갖는 것이지요. 스트레스를 잘 다루는 방법은 내가 갖고 있던 생각을 조금 바꾸는 것입니다.

> A : '시험은 너무 싫어. 완전 스트레스야.'
> B : '시험은 실력을 알아보는 기회야. 열심히 준비했으니까 괜찮아.'

A처럼 생각하는 것은 스트레스는 해롭다고 생각하는 것입니다. 무조건 싫다고 생각하면 실력을 쌓을 수 있는 기회를 놓치고 말겠지요. 사실 시험 그 자체는 시험일뿐입니다. 시험 결과가 나쁠까 봐, 성적이 안 나와서 혼날까 봐, 공부 못한다고 놀림받을까 봐 두려워하는 마음이 스트레스로 작용하는 것이지요.

그렇다면 학업에 대한 스트레스를 무서워할 것이 아니라 적극적으로 다룰 수 있고, 일상에 활력을 주는 좋은 일로 여긴다면 어떨까요? 바로 B처럼 생각해 보는 것입니다. 스트레스는 이로운 면이 있으며 활용하는 법을 배울 수 있다고 여기는 것이지요. 처음 자전거를 배울 땐 넘어질까 봐 무섭지만 오른발 왼발 페달을 밟으며 앞으로 나아가면 어느새 자전거 타는 일이 즐거워지는 것처럼 말입니다. 자전거 타는 법을 배우기 전엔 자전거 자체가 스트레스인 것 같지만, 자전거 타는 법을 배우고 즐길 줄 알게 되면 더 이상 스트레스가 아닙니다.

우리는 중요한 일에 대해서만 스트레스를 느낍니다. 공부나 시험이 왜 스트레스가 되는 걸까요? 중요한 일로 여기기 때문이지요. 비행기가 경로를 이탈할지도 모른다고 스트레스를 받고 있나요? 생각해 본 적도 없다고요? 그 일이 나와 전혀 상관없는 일이기 때문일 겁니다. 그러니 여러분이 학업 때문에 스트레스를 받고 있다는 건 그 일을 중요하게 여긴다는 의미일 겁니다. 중요하니까 잘하고 싶고, 실력을 높이고 싶은 것이지요. 그렇게 중요한 일이라면 내팽개치며 지겨워할 것이 아니라 다른 시각으로 바라보면 어떨까요?

23 어차피 지키지 못할 결심

주도적으로 계획을 세우는 법

아침 6시 30분. 알람도 울리기 전에 눈이 떠졌습니다. 평소 등교할 때는 휴대폰 알람을 5분 간격으로 맞춰두어도 결국 엄마의 잔소리로 겨우 일어났었는데 말이죠. 눈이 번쩍 떠진 이유는 오늘이 개교기념일이라 친구들과 일찍 만나 놀이공원에 가기로 약속했기 때문입니다.

내가 하고 싶은 일을 할 때는 누가 시키지 않아도 알아서 잘 하는데, 하기 싫은 일을 해야 할 때는 핑곗거리도 많아지고, 별것 아닌 것도 모두 방해가 되는 것 같습니다. 특히 공부를 하려고 할 때 이런 경우가 많았을 거예요. 숙제를 하려고 책상에 앉으면 해야 할 공부에 집중하기보다는 유독 어지럽게 잡동사니가 펼쳐진 책상이 눈에 거슬려 여태 미뤄두었던 책상 정리부터 방 청소까지 했던 경험에 대해 모두 공감할 것 같네요. 한참을 책상 정리

하고 나서 드디어 본격적으로 공부를 시작하려니,

> '대체 이차함수를 알아서 어디에 써먹겠다는 거지?'
> '몇 백 년 전 프랑스 전쟁을 모른다고 사회생활을 못하
> 는 것도 아니잖아!'

누굴 위해 공부를 하는 것도 아닌데, 내가 왜 공부를 해야 하는지에 대해 답을 찾고만 싶어집니다. 분명 곧 있을 중간고사를 대비해 공부를 해야겠다고 계획을 하고 책상 앞에 앉았지만 집중도 되지 않고, 왜 공부를 해야 하는지 그 이유를 누군가 명쾌하게 알려주면 좋겠다는 생각이 듭니다.

이처럼 하고 싶은 일, 좋아하는 일을 할 때는 스스로 준비하고 계획하고 실행하는 것이 어렵지 않은데, 하고 싶은 일이 아닌 경우에는 억지로 하게 되는 경우가 많지요. 친구들과의 약속은 내가 하고 싶고 좋아하는 일이기 때문에 누가 시키지 않아도 주도적으로 계획을 세웠을 거예요. 몇 시에 어디서 만날지에 대해 고민하고, 놀이공원에 가서는 어떤 코스로 놀지에 대해 준비하고 계획을 세우는 것을 힘든 일이라고 생각하지 않겠죠. 때문에 어떤 일을 하는 데 있어 나의 의지와 동기를 가지는 것은 과정뿐 아니라 결과에도 많은 영향을 줄 수 있습니다.

심리학자 윌리엄 글래서(William Glasser)는 '어떤 행동을 하는 것은 외부의 자극이 아니라 자신의 동기와 욕구에서 시작된다.'라는 선택이론을 주장했는데요. 이 이론은 인간은 자신의 내적인 동기에 의해 행동을 선택하고 결정한다는 것을 말하고 있습니다. '화가 나는', '짜증 나는'과 같은 나의 감정 상태도 외부에 의해 발생한 것이 아니라 '화를 내고 있는', '짜증을 내고 있는'과 같이 내가 선택하게 된 감정이기에 그런 감정을 느끼고 있는 것으로 표현하는 것이 더 적절하다고 했지요.

내가 원하는 것을 선택하고, 하고 싶은 것을 결정하는 것은 나의 행동을 계획하고 실행하는 데 아주 중요한 동기가 됩니다. 누가 시켜서 하는 것이나 남들이 다 하니까 어쩔 수 없이 따라 하는 것은 좋은 동기가 되기 어렵죠. 그에 비해 내가 원하고 선택한 일에 대해서는 더 잘하고 싶고, 잘 해내고 싶은 의지를 갖게 만들어 줍니다.

학습과 관련해 '자기 주도 학습'이라는 단어를 자주 들어봤을 거예요. 말 그대로 '학습에 있어 내가 주도권을 가지고 스스로 알아서 계획하고 실행한다.'라는 의미입니다. 여기에 내가 왜, 무엇 때문에 수학 문제를 풀어야 하는지, 영어 단어를 외워야 하는지, 역사적 사실을 기억해야 하는지를 더 구체적으로 스스로에게 물어볼 필요가 있어요. 공부를 하는 이유가 성적을 올리기 위해, 또는 부모님이 시켜서 하는 것이 아니라 내가 왜 시간을 투자하고 노력을 해야 하는지 스스로를 설득하는 과정이 필요하다는 의미입니다.

그렇다면 먼저 내가 원하는 것을 머릿속에 떠올려 볼 필요가 있습니다. 내가 바라는 것에 대한 구체적인 목표를 설정하고, 목표를 이룬 후의 나의 모습을 상상해 보는 것도 좋은 방법입니다. 이렇게 목표를 달성한 나의 모습을 생각해 보는 것은 현재 내가 무엇을 해야 목표에 도달할 수 있는지에 대한 좋은 방법들을 선택하고 실행하도록 하는 동기가 되어줄 수 있어요.

앞서 언급한 심리학자 글래서는 스스로 목표를 설정하고 이를 실행하도록 하는 구체적인 방법으로 'WDEP'를 소개했습니다. W는 바람(wants)을 파악하는 단계, D는 행동하기(doing), E는 목표를 달성하는 데 있어 문제 평가하기(evaluation), P는 구체적으로 계획하기(planning)를 의미하지요.

먼저, 여러분이 목표로 정하고 싶은 것은 무엇인지 생각해볼게요. 여기서 목표는 한 달 뒤에 있을 시험이 될 수도 있고, 10년 뒤 이루고 싶은 꿈이 될 수도 있어요. 또는 여러분이 꼭 해내야 할 중요한 과제나 일정도 생각해 보면 좋을 것 같아요.

　　WDEP의 과정을 통해 목표를 세우고, 그 목표를 위해 내가 원하는 것이 무엇인지, 또는 그것을 이루기 위해 방해가 되거나 도움이 되는 것은 무엇인지를 알아내 실천 계획을 세우는 이 모든 과정이 스스로 동기를 부여하고, 그 행동에 대한 선택을 다른 사람이 아닌 내가 한다는 것이 가장 중요한 부분이에요. 내가 원하는 것을 스스로 선택했고, 선택한 것을 이루기 위해 도움이 되지 않는 것들을 목록화해 바꿀 수 있도록 행동을 수정하고, 필요한 행동을 선택했다면 이제는 나의 결정을 믿고 실천하는 것만이 남아있습니다. 스스로 선택하고 결정한 것이기에 목표를 이루어야 할 이유와 동기가 분명해졌으니까요.

문득 내가 무엇을 해야 할지, 어떻게 해야 할지 길을 잃은 것 같은 기분이 든다면, 잠시 멈춰서 원하는 것이 무엇인지, 선택할 수 있는 것은 무엇인지 생각해 보세요. 내가 결정한 선택은 분명 이유가 있고, 의미가 있으니까요.

지금 마음으로 결정한 목표가 있나요? 그것을 왜 해야 하는지에 대한 이유가 분명한가요? 그렇다면 주변 사람들에게 여러분의 결정에 대해 이야기해 보면 좋겠어요. 내 목표에 대한 주도권을 내가 가지고 있다는 것을 알리는 것에서부터 스스로 동기를 가질 수 있으니까요.

24 하고 싶은 일이 너무 많거나 전혀 없거나

하고 싶은 일을 찾는 법

"내가 뭘 좋아하는지 뭘 하고 싶은지 나도 나에 대해 잘 모르겠어."

"나는 부모님 추천대로 교사가 되기로 결정했어."

"나는 사람들을 돕는 일을 할 때 가장 보람되고 자신감이 생기는데, 어떤 일을 하면 좋을지에 대해서는 결정을 내리지 못했어."

"나는 동물을 좋아하는데, 사육사 아르바이트를 해보고 내가 정말 좋아하고 잘하는 일이라는 것을 알았어. 멸종 위기 종을 관리하는 사육사가 되는 것이 목표야."

청소년기는 신체적 발달과 함께 심리적으로도 성숙해지는 발달단계로 이 단계에서 가장 중요한 발달과제는 정체성을 형성하는 것입니다. '정체성(Identity)'은 '나'는 누구이고, 나의 인생에서 성취하고 싶은 것이 무엇인지를 발견하는 것을 의미합니다. 특히 청소년기에는 자기에 대한 고민을 많이 하게 되고, 타인과의 관계와 다양한 사회적 경험을 통해 자기에 대해 더 깊이 생각하고 알아가게 되죠. 특히 이 시기에 무엇을 좋아하고, 잘하는지, 잘 못하는 부분은 무엇인지 등 자신의 강점과 약점을 파악하는 것 역시 정체성을 형성하는 데 필요한 과정입니다.

발달심리학자 제임스 마샤(James Marcia)는 자신의 정체감을 형성하기 위해 고민하고, 노력했는지와 정체감을 결정할 때 자신에 대한 가치, 신념, 진로와 관련지었는지에 따라 개인의 정체감 상태를 4가지로 나누어 설명했습니다.

		정체감을 찾기 위해 노력했는가?	
		yes	no
정체감을 결정했는가?	yes	정체감 성취	정체감 유실
	no	정체감 유예	정체감 혼미

먼저 '정체감 혼미'는 아직 나 자신에 대한 이해를 충분히 하지 못한 상태로 '나 자신의 특성과 자신만의 가치관' 등에 대해 생각해 볼 기회를 많이 가져보지 못했을 수 있어요. 그러다보

니 자연스럽게 '내가 무엇을 하고 싶은지?'에 대한 생각을 해보지 못했을 가능성이 높고요. '정체감 유실'은 진로에 대한 목표를 갖고는 있지만 자신이 결정한 것이 아니라 주변의 권유, 특히 부모님이 정해주신 진로로 결정한 상태를 의미합니다. 부모님뿐 아니라 '친구 따라 강남 간다'는 속담처럼 '남들이 다 하니까', '친구의 선택이 괜찮은 것 같아서' 본인의 진로를 결정하는 경우도 여기에 해당되겠죠.

자기를 이해하기 위해 많은 고민을 하고 자기에 대해 알아가는 과정을 통해 강점과 약점을 파악했지만 무엇을 할지에 대한 확신이 없는 상태를 '정체감 유예'라고 하고, 자신의 특성에 맞게 진로를 결정한 상태를 '정체감 성취'라고 합니다. 두 유형 모두 정체감을 찾기 위해 노력하고, 이를 확립한 상태인데요. 자신의 특성에 따라 진로를 결정하고 그 목표를 위해 계획하고 실행해 나가는 과정에 있는 '정체감 성취'와는 달리 '정체감 유예'는 무엇을 해야 할지에 대해 아직 확신이 없어서 진로에 대한 결정을 잠시 보류하고 있는 상태입니다. 좋아하는 것을 찾지 못했을 수도 있고, 하고 싶은 것이 너무 많아 결정하기 힘든 상태일 수도 있어요. 특히 '학업', '시험', '성적'만 중시하는 교육 환경에서는 내가 좋아하고, 잘할 수 있는 것을 찾았다고 해도 이를 결정하기란 쉽지 않을 거예요. 그래서 많은 청소년들이 진로 선택에 있어 결정을 미루어두는 유예상태를 경험하게 됩니다.

청소년기가 정체감을 형성하는 시기라고는 하지만 많은 청소년들이 자신을 스스로 이해하고, 자신의 적성과 흥미를 발견하는 것이 쉽지 않은 과정이라는 것에 동의합니다. '꿈'이 무엇이냐고 물어봐도 '과연 그 꿈이 현실적으로 이루어질 수 있을까?'라는 현실적인 의문에 선뜻 대답하기 어려워지는 마음도 충분히 이해해요. 나의 꿈과 진로는 성적이 결정해 줄 거라는 생각에 목표를 세우고 실천할 계획을 짜봐야 별 소용없다는 생각을 할 수도 있고요.

성인이 된 후에 심리적으로 좌절을 경험하고 자신에 대해 여전히 혼란스러워하는 경우를 어렵지 않게 볼 수 있어요. '과연 내가 원했던 삶을 살고 있나?', '나는 지금 행복한가?'에 대한 고민 때문에 성인이 된 후에도 정체감의 혼란을 경험하기도 합니다. 때문에 청소년기에 자신에 대해 많이 생각해 보고, 스스로 중요하다고 생각하는 가치관들을 고민하는 과정이 필요합니다.

같은 고민을 하고 있는 친구들, 내가 관심 있는 분야에서 활동하고 있는 사람들과 이야기를 나누고 같이 고민해 보는 시간도 아주 소중한 경험이 될 수 있어요. 특히 많이 경험해 보고, 경험을 통해 느낀 바에 대해 정리해 보는 것이 중요해요. 내가 무엇을 좋아하고 잘하는지는 경험해 보지 않고는 알 수 없는 영역이기 때문에 새로운 일에 도전해 보는 것에 주저하지 않았으면 좋겠어요. 도전은 반드시 성공을 위한 것이 아니라 나에게 가능한 일인지, 나와 잘 맞는 일인지를 확인해 보는 시작일 수 있으니까요.

또한, 진로를 고민하고 결정하는데 경험만큼 중요한 것이 바로 '정보'입니다. 아는 만큼 볼 수 있듯이 나의 관심 영역에 대한 정보가 많을수록 나와 가장 잘 어울리는 것을 찾기 쉬워질 수 있어요. 내가 좋아하는 일을 찾았다면 이것을 잘 하기 위한 계획을 세우고 실행해 보는 것도 아주 중요합니다. 단, 좋아하는 일을 잘하기 위해서는 많은 노력과 어려움이 뒤따를 수 있다는 것도 기억하면 좋겠어요. 포기하지 말고, 원하는 것을 위해 하나하나 쌓아간다면 내가 그려왔던 "나"를 만날 수 있을 거예요.

★ 커리어넷 https://www.career.go.kr
★ 워크넷 https://www.work.go.kr
★ 고입정보포털 http://www.hischool.go.kr
★ 특성화고 하이파이브 http://www.hifive.go.kr
★ 서울진로진학정보센터 http://www.jinhak.go.kr
★ 학교알리미 https://www.schoolinfo.go.kr
★ 대학알리미 https://www.academyinfo.go.kr

최소한의 심리학

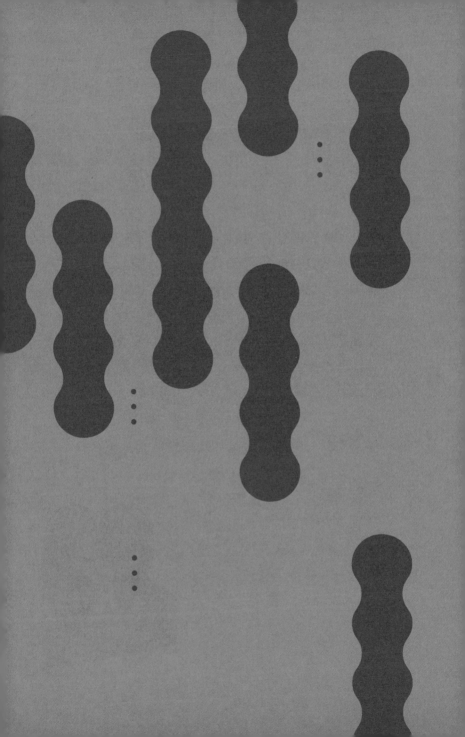

5부

습관을 고치고 싶을 때

25 먹고, 먹고, 또 먹고

폭식을 멈추는 법

점심시간, 급식실 바닥이 미끄러워 식판을 든 채로 넘어지고 말았습니다. 음식이 모두 바닥에 쏟아지고, 아이들의 시선을 한 몸에 받았어요. 괜찮냐며 걱정하는 친구들도 있었지만 웃음이 터진 아이들도 있었고, 쏟아진 음식이 자기 옷에 튀었다며 짜증스러운 표정을 한 친구도 있었어요. 모든 아이들이 본 것이 창피하기도 하고 조심하지 않고 실수한 자신에게 화도 나 점심은 먹지 않았죠. 아침부터 아무것도 먹지 않아 배가 고팠던 차에 편의점으로 들어가 먹고 싶은 것을 잔뜩 골라 집으로 돌아왔습니다. 집에 와서도 실수로 넘어진 내 모습이 계속 떠올라 참을 수가 없었어요.

'맛있는 것 먹기', '잠자기', '친구와 놀기', '게임하기' 등은 스트레스를 해소하기 위해 우리가 쉽게 사용하는 방법 중 하나입니다. 이 중 '먹는 것'으로 스트레스를 푸는 경우가 많은데요.

요즘은 '먹방'이 워낙 유명하다 보니 같은 음식이라도 더 맛있게, 특이하게 먹는 것에 관심을 갖게 되는 것 같아요.

식욕이 높아져 먹을 수 있는 양보다 더 많이 먹는 것은 과식에 해당이 되죠. 그리고 짜증이 나거나 스트레스를 받을 때 그 스트레스를 먹는 것으로 풀기 위해 과식을 넘어 폭식을 하는 사람들을 자주 볼 수 있는데요. 이 유형의 사람들을 보면 맛있는 것을 찾아 적당히 먹는 것이 아니라 무조건 많은 양의 음식을 먹는 것으로 스트레스를 해소하려고 합니다. 스트레스라는 부정적인 감정이 폭식을 하도록 유도해, 먹는 양을 조절하지 못하는 상태가 되는 거죠.

좋아하는 것을 배부르게 먹는 것과 달리 기분이 좋지 않을 때, 스트레스를 받을 때, 우울하고 초조할 때와 같이 부정적인 기분을 느낄 때 먹는 것으로 해소하는 경향은 자칫 폭식증을 유발할 수 있어요. 폭식증은 일정 시간 동안 일반적인 사람들이 먹는 양보다 더 많은 양의 음식을 먹고, 먹는 동안에 배가 부름에도 먹는 것을 조절하는 데 어려움을 느끼는 상태입니다.

자기심리학으로 유명한 정신분석학자 하인즈 코헛 (Heinz Kohut)은 자기애를 가진 사람들의 심리를 연구했는데요. 자기애를 가진 사람은 방어적인 태도를 가지고 있어 자기 스스로를 충족하는 데 어려움을 느낀다고 해요. 그래서 충족되지 않은 부분을 음식으로 충족하려는 시도를 하게 되어 폭식행동으로 이어질 수 있다고 설명하고 있어요.

자기애는 크게 두 유형으로 나뉩니다. 자신이 특별하고, 타인보다 우월하기 때문에 다른 사람으로부터 찬사를 받아야 한다고 생각하는 '외현적인 자기애'와 다른 사람들로부터 칭찬과 관심을 받고 싶은 욕구는 있으나 스스로 열등감을 느끼고, 타인의 평가를 비판적으로 의식하고 예민함을 보이는 '내현적인 자기애'인데요. 부정적인 평가에 예민한 내현적인 자기애를 폭식행동을 유발하는 유형으로 보고 있어요.

타인의 평가를 예민하게 받아들이는 부분은 특히 주목할 필요가 있어요. 타인의 평가가 반드시 비판적인 것만은 아닌데 타인의 작은 시선에도 자존심에 손상을 입고, 자신과 관련한 경험을 비관적인 방향으로 해석해서 부정적인 정서에 휩싸인 채 자신을 통제하기 어렵게 되기 때문이죠.

코헛이 설명하는 내현적인 자기애는 부정적인 정서를 경험하면 이에 대한 결과로서 분노감을 느끼고, 수치심을 느낀다고 해요. 우리는 끊임없이 다양한 상황에 노출되고, 예측할 수 없는 경험을 하게 되죠. 그러나 이러한 경험을 하는 동안 타인의 시선이나 평가를 신경 쓰고, 그 결과를 예민하게 받아들이는 과정이 자동적으로 일어나면 자신에 대해 수치감을 경험할 수밖에 없어요. 만족스럽지 못한 자신에 대한 보상으로 식욕을 느끼고, 음식을 먹는 행동으로 불만족감을 채우려는 시도를 하게 됩니다.

자기에 대한 만족감이 높지 않기 때문에 별 의미 없이 지나칠 수 있는 타인의 사소한 평가에도 예민해지고, 이를 과도하게 해석하며 부정적인 정서를 느끼게 됩니다. 그리고 이런 감정을 스트레스로 받아들이며, 이를 해소하기 위한 보상으로 먹는 행동을 하게 되는 거죠. 그렇기에 내가 지금 어떤 스트레스를 경험하고 있는지 객관적으로 들여다볼 필요가 있어요. 많은 경우 자신이 무엇 때문에 기분이 좋지 않은지, 일어난 일을 어떻게 이해하고 있는지에 대해 생각해 보는 것을 회피하려는 태도를 보입니다. 문제를 들여다보는 것이 자신을 더욱 비참하고 불편하게 만든다고 생각하기 때문이죠. 그러나 이 불편한 감정을 잊기 위해 폭식으로 문제를 회피하기보다는 내가 느끼는 불편한 감정의 원인을 살펴보고 이해해 보려는 노력을 해보면 좋겠어요.

먼저 지금 나의 스트레스가 어떤 일에서 시작되었는지 생각해 보면 좋을 것 같습니다.

"오늘 학교에서 친구와 대화를 하는 중
친구가 보인 반응에 자존심이 상했나요?"

　　　　　　　　　　　　　최소한의 심리학

"발표를 잘 하고 싶었는데 실수로 말을 버벅거렸던 것이 계속 신경이 쓰이나요?"

"그림 실력이 좋은 내 짝이 다른 친구들에 둘러싸여 칭찬을 듣는 모습을 부럽게 바라봤던 나의 모습이 초라하게 느껴졌나요?"

앞의 상황들을 잘 생각해 보면 남들에게 비난을 받을 만큼 큰 잘못을 저지른 것도 아니고, 스스로에게 수치심을 느낄 만큼 부끄러운 행동을 한 것도 아니에요. 단지 내가 원한 대로 일이 잘 흘러가지 못했을 수 있고, 내 마음과는 다르게 주변 사람들이 나의 의도를 잘 이해하지 못했을 수 있을 것 같아요. 예상에서 벗어나는 일은 얼마든지 일어날 수 있어요. 어쩌면 앞으로 일어날 일을 예측하고 정확하게 맞추는 것이 더 어려운 일이겠죠. 그러니 자신에게 조금 더 여유를 가지면 어떨까요?

자기에 대한 기대가 높고, 자신에 대한 평가가 인색한 사람들은 오히려 다른 사람들의 실수나 행동에는 꽤 너그러운 마음으로 바라보는 경향이 있어요.

'어쩌다 한번 실수했을 거야.'
'다른 건 다 잘하니 실수 한 번쯤이야.'

이런 식으로 꽤 자비로운 태도를 보이죠. 이때의 '자비'를 남들에게만 베푸는 것이 아니라 자기 자신에게도 베푸는 연습을 할 필요가 있어요. 우리는 이런 태도를 '자기자비'라고 말합니다. 말 그대로 자기에 대해 좀 더 여유를 갖고, 사랑하고, 존중하는 태도로 자신을 대한다는 의미입니다.

'자신에게 베푸는 자비'는 충분히 가치 있는 일입니다. 무조건적으로 스스로에게 관대하라는 의미가 아니라 내가 느꼈던 아쉬운 마음을 스스로 헤아려주고, 내가 받은 상처를 충분히 위로해 주는 것, 즉, 자신을 향한 자비가 스스로를 보호하고 자기를 아끼는 시작이 될 수 있어요.

"Love yourself!"

26 스마트폰을 잠시도 놓을 수 없다면

스마트폰을 잘 활용하는 법

"진짜 딱 5분만 더하고 핸드폰 꺼야지."

인스타그램, 페이스북, 트위터, 틱톡, 유튜브, 웹툰까지, 엄지손가락을 요리조리 돌려가며 애플리케이션 사이를 헤매기를 수시간째. 이미 창밖은 어둑어둑해지고 있습니다. 더 이상 볼 게 없다는 걸 아는데도 스마트폰을 내려놓을 수 없습니다. 잠깐이라도 스마트폰을 곁에서 떼어 놓았다가는 허전해서 견딜 수 없습니다. 화장실에 갈 때도 스마트폰을 들고 가고, 잠들기 직전까지 스마트폰을 손에 꼭 쥐고 있습니다. 애써 스마트폰을 다른 곳에 두고 책에 집중하려 해도 잠깐뿐입니다. 한 문장을 읽고 나면 또다시 스마트폰으로 향하는 손을 막을 수가 없습니다.

"선생님, 저 이대로 정말 괜찮은 걸까요? 스마트폰이 나인지, 내가 스마트폰인지 모르겠어요. 이럴 바에야 다음 생에는 내가 스마트폰으로 태어나는 편이 좋겠다는 생각까지 들 정도라니까요!"

요즘 스마트폰을 손에서 놓을 수 없다고 호소하는 친구들이 많습니다. 특히 코로나19로 학교에 가지 않는 날이 늘어나면서 학교, 공부, 친구들보다 스마트폰과 훨씬 더 친밀해진 것 같기도 합니다. 여러분도 스마트폰과 한시도 떨어질 수 없어 괴로워하고 있나요? 만약 그렇다면, 아래 테스트를 한번 해봅시다.

항목	전혀 그렇지 않다	그렇지 않다	그렇다	매우 그렇다
스마트폰 이용시간을 줄이려 할 때마다 실패한다.	1	2	3	4
스마트폰 이용시간을 조절하는 것이 어렵다.	1	2	3	4
적절한 스마트폰 이용시간을 지키는 것이 어렵다.	1	2	3	4
스마트폰이 옆에 있으면 다른 일에 집중하기 어렵다.	1	2	3	4

최소한의 심리학

스마트폰 생각이 머리에서 떠나지 않는다.	1	2	3	4
스마트폰을 이용하고 싶은 충동을 강하게 느낀다.	1	2	3	4
스마트폰 이용 때문에 건강에 문제가 생긴 적이 있다.	1	2	3	4
스마트폰 이용 때문에 가족과 심하게 다툰 적이 있다.	1	2	3	4
스마트폰 이용 때문에 친구 혹은 동료, 사회적 관계에서 심한 갈등을 경험한 적이 있다.	1	2	3	4
스마트폰 때문에 업무(학업 혹은 직업 등) 수행에 어려움이 있다.	1	2	3	4
총점				점

<스마트폰 과의존 척도>

이 테스트는 스마트쉼센터에서 제공하는 '스마트폰 과의존 척도'입니다. '스마트폰 과의존'이란, 스마트폰을 다른 무엇보다 중요하게 여기고, 혼자만의 의지로는 스마트폰 사용을 조절하기 어려워지면서 일상에서 여러 문제를 겪고 있는 상태를 말합니다. 그러니 이 척도는 현재 여러분이 얼마나 스마트폰에 의존하고 있는지 보여주는 셈이지요.

이제 결과를 확인해 볼까요? 40점 만점 중 31점 이상은 '고위험군'으로 분류합니다. 23~30점 사이는 '잠재적 위험군',

22점 이하는 '일반 사용자군'으로 분류합니다. '고위험군'은 스마트폰에 매우 과하게 의존하는 상태입니다. 개인의 의지나 노력으로 과의존 상태를 벗어나기 어려운 단계에 접어들었기 때문에 관련 기관이나 전문가에게 도움을 요청하는 것이 좋습니다.

　　'잠재적 위험군'은 스마트폰 의존도를 비교적 스스로 조절할 수 있는 상태입니다. 그러나 조절력이 약해진 상태이므로 방심은 금물입니다. 언제든 고위험군으로 넘어갈 가능성이 있기 때문이죠. 스마트폰 사용 빈도에 특별히 주의를 기울이고, 필요하다면 상담 등의 도움을 받는 것도 좋습니다. '일반 사용자군'은 스마트폰을 건전하게 활용하는 상태입니다. 현재와 같이 지속적인 자기관리를 이어가면 되겠지요. 여러분의 현재 상태는 세 가지 분류 중 어디에 해당하나요?

　　사실, 스마트폰과 떼려야 뗄 수 없는 관계에 놓인 건 여러분뿐만이 아닙니다. 2021년에 시행한 '스마트폰 과의존 실태조사'에서 우리나라 전체 스마트폰 이용자 중 24.2퍼센트가 '스마트폰 과의존 위험군'으로 분류되었다고 합니다. 과의존 위험군은 위에서 언급한 '잠재적 위험군'과 '고위험군'을 합한 것입니다. 특히, 모든 연령대를 통틀어 '청소년층'에서 스마트폰 의존도가 가장 높은 것으로 드러났다고 하니, 스마트폰과 이별하기 어려운 건 비단 여러분만의 문제는 아닐 듯합니다.

도대체 우리는 왜 이렇게 스마트폰과 멀어지기 어려운 걸까요? 그 이유는 간단합니다. 짜릿하니까요! 1분 단위의 짧은 동영상을 보고 나면, 곧이어 다른 동영상이 따라 나옵니다. 강렬하고 자극적인 내용이 빠른 속도로, 끊임없이 제공되지요. 이때 우리 뇌에서는 '도파민'이라는 신경전달물질이 분비됩니다. 도파민은 칭찬받았을 때, 친구들과 웃고 떠들 때, 스릴 넘치는 놀이기구를 탔을 때와 같이 즐거운 경험을 하는 동안 분비됩니다. 우리의 눈과 귀를 자극하는 영상이나 이미지가 많이 올라오는 SNS를 볼 때도 많은 도파민이 분비되겠지요.

　그런데, 도파민이 평소보다 많이 분비되는 경험을 한 번이라도 하고 나면 우리의 뇌는 그 경험을 반복해서 하려고 합니다. 도파민이 지나치게 분비되는 상태가 계속되면, 우리의 뇌는 도파민 분비를 줄여 균형을 맞추려고 합니다. 이런 걸 가리켜 '항상성'이라고 합니다. 쉽게 말해, 어떠한 상태를 항상 일정하게 유지하려는 성질이죠. 도파민이 계속 주어지다가 갑자기 줄어들면, '금단현상'이 발생합니다. 그때의 불쾌감을 벗어나기 위해 더 크고 강한 자극을 더 자주 찾게 되고, 그렇게 '중독'에 빠지게 되는 것이죠. 우리가 스마트폰을 하면 할수록 과의존, 즉 '중독'의 늪에 빠져들게 되는 이유가 바로 이것입니다.

　'피할 수 없다면 즐겨라!' 많이 들어본 말일 겁니다. 스마트폰 과의존이 무척 우려스럽지만, 한편으로는 스마트폰 없이 할 수 있는 것이 거의 없는 세상이기도 합니다. 스마트폰을 아예 없애버릴 수 없다면, 차라리 스마트폰의 '똑똑함'을 이용해 보는 건 어떨까요? 스마트폰 하루 사용 시간을 점검해 주거나, 정해진 시간 동안만 핸드폰을 쓰도록 도와주는 애플리케이션을 활용해 보는 거예요. 스마트폰을 활용해 스마트폰 과의존을 예방하는 것이죠.

또 다른 방법으로는 '새로운 취미 활동 찾아보기'가 있습니다. 앞서 스마트폰에 과의존하는 것은 '도파민'이라는 신경전달물질과 관련되어 있고, '도파민'은 즐거움과 관련된 신호를 전달하는 기능을 한다는 이야기를 나누었습니다. 운동, 음악 듣기, 글쓰기 등 새로운 자극을 주는 활동에 도전해 보는 걸로 스마트폰이 주는 즐거움을 대체해 볼 수 있겠지요. 오감을 쓰고 신체를 움직이는 활동을 통해 성취감과 기쁨을 누리는 것은 물론, 몸과 마음의 건강까지 되찾을 수 있을 것입니다.

최소한의 심리학

21 나도 모르게 손톱을 물어뜯는 이유

강박적 행동을 멈추는 법

"아야!"

갑자기 아픔이 몰려옵니다. 손끝을 내려다보니 피가 송골송골 맺혀 있네요. 나도 모르게 또 손톱을 물어뜯고 말았습니다. 이번에는 정말 그만하려고 했는데…. 조금만 방심해도 어느새 입 속으로 손가락을 가져가곤 합니다. 손톱 물어뜯는 모습을 본 친구들은 하나같이 말합니다.

> "아유, 더러워! 무슨 손톱을 피가 날 때까지 물어뜯어!"

> "아기도 아니고 왜 자꾸 손가락을 입에 넣어?"

이제 놀림당하는 것도 지긋지긋합니다. 그렇게 쉽게 고쳐질 습관이었으면 피가 날 때까지 그대로 두지도 않았겠지요. 한때는 동그랗고 예쁘다고 칭찬받았던 손톱인데 이제는 너무 물어뜯어 형체도 제대로 남아있질 않을 정도입니다. 어떻게 해야 이 습관을 멈출 수 있을까요?

이 말이 위로가 될지 모르겠습니다만, 손톱 물어뜯는 습관 때문에 고민하는 친구들은 사실 상당히 많답니다. 10대 청소년의 45퍼센트 이상이 손톱을 물어뜯는 습관을 경험한다고 하는데요. 이 중 일부는 성인이 되어서까지 습관을 유지하기도 합니다. 생각보다 꽤 흔한 일이지요?

꼭 손톱을 물어뜯지 않더라도 특정 행동을 반복하는 경우가 있습니다. 머리카락이나 눈썹, 속눈썹을 습관적으로 뽑기도 하고, 입술의 표피를 뜯거나, 굳은살을 벗겨내고, 연필이나 볼펜의 끝부분을 치아로 씹기도 합니다. 이런 습관을 보이는 사람들에게는 공통점이 하나 있는데요. 바로, '불안감'을 느낄 때 이런 행동을 한다는 것이죠.

'불안감'은 곧장 무슨 일이 일어날 것처럼 조마조마한 마음 상태를 말합니다. 그런데 이런 마음 상태가 왜 손톱이나 머리카락 같은 것들을 뜯는 행동으로 나타나는 걸까요? 두피, 눈썹, 입술, 손톱 모두 우리 몸에서 예민한 부위입니다. 조금이라도 거

칠게 건들면 금세 통증을 느끼죠. 바로 이것이 불안할 때 손톱을 물어뜯는 이유입니다. 통증을 느끼면 그 부위에 순간적으로 집중하게 됩니다. 길을 걷다 넘어져 무릎이 까졌던 경험을 한번 떠올려 볼까요? 순간적으로 여러분의 시선과 주의, 손발 모두 상처가 난 부위를 향하게 되지요.

손톱을 물어뜯고 거스러미를 뜯어내며 통증을 느끼면, 아주 짧은 순간이지만 그 부위에 모든 신경을 집중할 수 있습니다. 그러면 잠시라도 마음을 괴롭히는 불안, 긴장, 걱정과 같은 심리적인 고통을 잊을 수 있게 되지요. 이 '잠깐'을 위해 손톱 물어뜯는 행위를 멈추지 못하는 것입니다.

또 다른 이유는, '강박 심리' 때문입니다. 강박 심리는 자신의 의지와는 무관하게 어떤 생각이나 행동을 습관적으로 반복하게 되는 걸 말합니다. 어떤 특정한 이유가 없어도 자신도 모르게 손톱을 물어뜯는 행동을 반복하게 되는 것이죠. 대개 스트레스가 심하거나 '완벽주의'를 가진 사람들이 겪기 쉬운 증상이라고 합니다. 하지만 강박적으로 손톱을 물어뜯은 후에 찾아오는 감정은 주로 '후회'입니다. 내 몸조차 내 의지대로 할 수 없는데 후회와 자책까지 느껴야 한다면 너무 괴롭겠지요.

이유야 어찌 되었든, 가장 중요한 건 손톱을 물어뜯는 습관을 멈추는 것입니다. 손톱에는 박테리아나 바이러스, 염증을 유발할 수 있는 세균이 많아 건강까지 위협할 수 있기 때문입니다. 또, 치아로 손톱을 물어뜯다 보면 치아 건강까지 해칠 수 있다고 하니 해결책을 찾아 빠르게 적용하는 게 무엇보다 중요해 보입니다.

우선, 손톱을 물어뜯고 싶어지는 순간이 언제인지 포착하는 게 필요합니다. 만약 불안이나 긴장을 느낄 때마다 손톱을 입으로 가져간다면, 불안과 긴장을 완화하는 방법을 써볼 수 있겠지요. 불안을 잠재우는 방법으로 '이완 훈련'이 있습니다. '이완'이란 마음과 몸의 긴장을 풀어주는 것을 말합니다. 이완 훈련은 총 세 단계로 나누어져 있습니다. 손톱을 물어뜯고 싶은 충동이 들 때 이완 훈련으로 대체할 수 있도록 지금 바로 연습해 볼까요?

첫 번째, 편안한 곳에 눕습니다. 누울 수 없다면 앉은 상태로 해도 좋습니다. 숨을 들이마실 때 뱃속까지 닿는다고 생각하며 깊게 숨을 쉽니다.

두 번째, 잔뜩 긴장되었던 몸과 근육이 편안해지는지 살펴봅니다.

세 번째, 자기 자신에게 안정을 줄 수 있는 말을 마음속으로 건넵니다. '모든 것이 다 안전하고 괜찮다.'와 같은 말이면 더 좋겠지요.

이완 훈련은 긴장될 때만이 아니라 평상시에 자주 해 봐도 좋습니다. 처음에는 이 순간이 너무나 어색하고 지루할 수 있어요. 하지만 조금씩 익숙해지다 보면 전보다 몸과 마음이 훨씬 편안해지는 걸 느낄 수 있답니다.

조금 더 즉각적인 해결책이 필요하다면, '이 방법'도 좋습니다. 이 방법은 바로 '혐오 치료'입니다. '손톱 물어뜯기 방지제'가 첨가된 매니큐어를 바르는 치료법인데요. 이 매니큐어를 바르고 나면 손톱을 물어뜯을 때마다 입에서 쓴맛이 난다고 하는군요. 손톱을 물어뜯은 직후에 쓴맛을 느끼는 게 계속 반복되다 보면 어느 순간 손톱만 보아도 입안에 쓴맛이 감도는 것 같은 착각을 하게 될 것입니다. 특정 행동 뒤에 '혐오 반응'을 일으키는 자극을 짝지어 그 행동을 감소시키는 방법입니다. 그래서 치료법의 이름도 '혐오 치료'인 것이지요.

어떤 솔루션을 선택하든, 가장 중요한 것은 손톱을 물어뜯는 습관을 멈추고 싶다는 간절한 마음을 알아주는 것입니다.

> "자꾸만 손톱을 물어뜯는 나 자신에게 너무 열 받아요. 어떻게 이런 유치한 습관 하나 고치질 못할까요. 어떨 땐 이런 절 때리고 싶다니까요."

혹시 이런 마음이 든다면, 이제 자기 비난을 멈추는 것이 좋겠습니다. 자신을 질책하고 혼내기보다 불안하고 긴장된 마음으로 지내는 스스로 위로해 주세요. 이런 말들을 들려주며 말이죠.

> "지금 모습 그대로 충분히 괜찮아. 나를 더 안전하고
> 편안하게 만들어주려는 나 자신의 노력을 응원해!"

28 몸은 피곤한데 잠은 안 오고

건강한 수면 습관을 만드는 법

일어나서 학교 갈 준비를 해야 하는데, 몸이 움직이지 않습니다. 잠들기 전 마지막으로 시계를 확인했을 때 새벽 4시 30분이었으니, 2시간 정도를 자는 둥 마는 둥 한 것 같네요. 고등학생이 되면서 등교 시간이 더욱 빨라져 밤에 잠들기가 더 어려워졌습니다. 게다가 야간 자율 학습에 밤늦게 끝나는 학원, 과외까지 뺑뺑이를 돌다 보면 잠을 실컷 자기 어렵죠.

고단한 하루를 보냈다고 해서 밤에 꿀딱 잠들 수 있는 것도 아닙니다. 분명 몸은 엄청나게 피곤한데 정신은 말똥말똥합니다. 불을 끄고 침대에 누워 천장만 바라보길 여러 시간. 자는 데 도움이 된다는 건 이미 다 해보았습니다. 한 마리, 두 마리… 양을 세보고, 스마트폰으로 ASMR 영상을 틀어도 보았지만 마찬가지였죠. 정신은 점점 맑아지기만 하고 잠은 오지 않습니다. 잘 수 있는 시간은 자꾸만 줄어드는데 왜 이리 잠이 오지 않는 걸까요? 잠이랑 친구라도 먹을 수 있다면 정말로 그렇게 하고 싶은 심정입니다.

　　너무 자고 싶은데 잠이 오지 않을 때의 괴로움, 우리 모두 한 번씩은 경험해 보았을 겁니다. 오래 지속된 코로나19로 인해 불규칙적인 생활을 하게 되면서 불면증을 경험하는 사람들이 더 많아졌다고 하죠. 몸이 피곤하면 잠도 금세 올 거라 생각했는데 꼭 그렇지만도 않은 듯합니다. 도대체 왜! 열심히 불러도 잠이란 녀석은 우리에게 빨리 와주지 않는 걸까요?

　　밤이 되면 사람은 잠이 듭니다. 너무나도 자고 싶은데 잘 수 없을 때, 우리는 '불면증에 걸렸다.'라고 표현하기도 하죠. 충분한 시간 동안 깊게 잠을 자지 못할 때 주로 쓰는 말입니다. 잠들기 어려운 건 물론, 중간에 자꾸 깨어날 때, 혹은 일찍 깨어난 후 다시 잠들지 못할 때도 정말 괴롭습니다. 하루라도 잠을 설치면 다음 날 학교생활이 너무 힘든데, 이런 날들이 하루 이틀 쌓이다 보면 미쳐버릴 지경이 되기도 하죠.

　　청소년기를 보내는 친구들이 잠을 잘 자지 못하는 건 꽤 흔한 현상입니다. 20~30퍼센트의 청소년이 밤에 잠을 잘 자지 못하고 낮에 피곤함을 느낀다고 합니다. 여러분뿐만 아니라 많은 친구들이 잠 못 이루는 밤을 보내고 있다는 말이죠.

그런데, 왜 잠을 잘 자는 게 중요한 걸까요? 이렇게 잠들지 못할 바에야 그냥 며칠씩 안 자버리는 게 더 나은 선택 아닐까요? 공부도 잘하고, 밥도 잘 먹으라더니 이제 잠까지 잘 자야 한다니요! 잘해야 하는 게 왜 이렇게 많을까요? 이깟 잠 좀 안 잤자 조금 졸릴 뿐 큰일이 일어나는 것도 아닐 텐데요!

안타깝지만, 잠을 잘 자는 건 정말 중요한 일입니다. 특히 여러분 같은 청소년이라면 더더욱요! 잠을 자는 동안 우리의 몸은 휴식만 취하고 있지 않습니다. 오히려 어느 때보다 더 바쁘게 일하고 있답니다. 자는 동안 우리 몸에서는 무슨 일이 일어나고 있을까요?

첫 번째, 우리가 푹 자는 동안 우리의 몸은 '회복'을 합니다. 낮 동안 쌓인 피로를 씻어내고, 무리하게 많이 쓴 신체 기관을 원상 복귀시키는 기능을 합니다. 또, 감정도 회복시켜주는데요. 불쾌했던 감정, 부정적인 감정을 자는 동안 털어내는 것이죠. 그래서 잠을 잘 자지 않으면 손상된 신체가 회복되지 않고, 불쾌한 감정들이 몸에 쌓이게 됩니다. 그 결과로, 면역력이 떨어지고 질병에 걸리거나 우울감이나 무기력증에 빠질 가능성이 높아지는 건 당연한 일이겠죠.

두 번째, 잠을 자는 동안 '기억력'이 올라갑니다. 아무리 애를 써도 좋아지지 않던 기억력이 잠을 자면 올라간다니 이게 무슨 말이냐고요? 그동안 많은 연구를 통해 밝혀진 사실입니다. 새로운 기억을 저장하려면 수면이 꼭 필요하다는 사실 말이죠. 자는 동안 우리의 뇌는 불필요한 정보를 삭제하고, 필요한 정보들을 기억저장소에 차곡차곡 넣어둔다고 합니다. 그러니, 밤을 새워 공부해도 잠을 자지 않는다면 공부한 것들이 도로 날아가 버리는 비극이 발생한다는 거죠! 공부한 시간이 헛되지 않기 위해서라도 잠은 꼭! 자야 합니다.

　　　세 번째, 어쩌면 여러분에게 가장 중요한 이유가 될지 모르겠습니다. 잠을 푹 자야 키가 쑥쑥 큰답니다. 자는 동안 우리의 뇌에서는 '성장호르몬'이 방출됩니다. 청소년기는 살면서 가장 많은 성장을 이루어내는 '성장기'라는 사실 모두 알고 있죠? 이 성장호르몬은 수면 중에 가장 농도가 짙어집니다. 그런데 잠에 든다고 성장호르몬이 바로 분비되는 건 아니라고 합니다. 깊은 잠에 빠져야 성장호르몬이 분비되는 것이죠. 성장호르몬이 가장 많이 분비되는 시간은 밤 10시부터 새벽 2시입니다. 현재 수면시간이 여러분의 평생 키를 좌우한다고 생각하니 어서 빨리 이불 속으로 들어가 잠을 청하고 싶어지지 않나요?

　　　지금까지 잘 자는 것의 중요성을 알아보았는데요. 이제부터는 잠이 오지 않아 뒤척이지 않도록 여러분을 도울 수 있는 '수면 꿀팁'을 한번 알아볼까요? 아래 솔루션을 잘 읽어 보고, 실천할 수 있는 것들에 체크해 보세요. 만약, 여러분의 친구 중에 잠을 못 이루는 친구들이 있다면 함께 실천해 보는 것도 좋겠죠?

'꿀잠'으로 가는 수면 '꿀팁!'

1. 잠자리 환경을 잘 구성한다

☐ 자기 전 미지근하고 따뜻한 물로 가볍게 샤워한다.

☐ 침대에 누워 스마트폰을 하거나 텔레비전을 보지 않는다.

☐ 잠이 오지 않을 때는 잠자리에서 일어나 가벼운 책을 읽거나 음악을 듣는다

2. 잠들기 전 과한 행동을 하지 않는다

☐ 자기 직전 과식이나 야식을 먹지 않는다.

☐ 카페인이 든 음료는 아침 일찍 섭취한다.
(카페인의 지속시간은 14시간! 밤 12시에 잠들고 싶다면, 오전 10시 이후에는 카페인이 든 음료를 마시지 않는 게 좋다!)

☐ 밤에는 격한 운동을 피하고 간단한 스트레칭이나 이완 체조를 한다.

☐ 과도한 수분을 섭취하지 않는다.

3. 낮잠을 자지 않는다

☐ 졸음이 쏟아질 때는 15~20분 정도만 잠을 청한다.

☐ 오후~저녁 시간 중 자는 낮잠은 피한다.

그렇다면, 이쯤에서 한번 퀴즈를 풀어볼까요? 중고등학생의 적정 수면시간은 얼마일까요?

① 6~7시간   ② 7~9시간   ③ 9~10시간   ④ 10시간 이상

정답은 ②번입니다! 생각했던 것보다 훨씬 길다고요? 그럴 만도 합니다. 학교, 학원, 과외, 인터넷 강의, 자습 등등 하루에 해야 하는 일정을 다 소화하고 나면 이미 새벽 1시, 2시가 되어버릴 때도 많으니까요. 적정 수면시간을 다 채우지 못한다면, 일정한 시간에 일어나는 것이라도 지키는 것이 좋습니다. 또, 주중에 수면시간을 확보하기 어렵다고 해서 주말에 한 번에 몰아서 자는 것도 좋은 습관은 아닙니다. 주중과 주말의 수면시간 차이는 최대 1~2시간 정도만 나야 합니다.

'수면 꿀팁'과 적정 수면시간을 지키기 위해 노력하다 보면, 어느새 몸도 마음도 건강해진 자신을 발견할 수 있을 겁니다. 쑥쑥 크는 신체의 키만큼이나 마음의 키도 자라게 해줄, 잠이 '보약'입니다.

29 습관이 된 거짓말

회피하지 않고 솔직해지는 법

상담실에서 만난 친구들과 '거짓말'에 대해 이야기를 나눈 적이 있습니다. 어떤 거짓말을 해보았는지 물어보니 다양한 이야기가 나오더군요.

"저는 엄마가 워킹맘이에요. 그래서 학교 소식을 조금 뒤늦게 아시거든요. 2학년 기말고사였나, 성적이 완전 최악이었어요. 그런데 엄마가 갑자기 성적표를 가져오라는 거예요. 사실 성적표는 구겨서 가방 속에 넣어놨는데, 저도 모르게 아직 안 나왔다고 해버렸어요."

"3학년 돼서 새로 사귄 친구가 저한테 마지막으로 연애해 본 게 언제냐고 묻더라고요. 대충 생각하는 척하다가 '6개월 정도'라고 말했거든요? 그런데 저 사실

'모쏠'이에요. 연애해 본 적 없어요."

"자다가 일어나니까 이미 학교 갈 시간이 거의 다 된 거예요. 부랴부랴 학교로 뛰어갔는데 담임 선생님이 왜 늦었냐고 물어보시더라고요. 늦잠 잤다고 말하면 혼날 것 같아서, 아침에 배가 아팠다고 뻥쳤어요. 선생님이 괜찮냐고 걱정해 주시는데 눈을 못 쳐다보겠더라고요."

우리는 생각보다 사소한 거짓말들을 자주 하곤 합니다. 누군가를 크게 골탕 먹이거나 피해를 주지 않는다면 작은 거짓말 정도는 큰 문제가 아니라는 생각 때문이죠. 그런데, 사소한 거짓말이 습관처럼 계속된다면 어떻게 될까요? 당장 별다른 문제를 일으키지 않는 거짓말이라면 계속해도 되는 걸까요? 거짓말이 나쁘다는 걸 알면서도 왜 우리는 거짓말을 하게 되는 걸까요?

거짓말을 하는 이유는 다양합니다. 가장 큰 이유는 아마도 '회피하고 싶은 마음' 때문일 겁니다. '회피'는 우리가 해야 할 것을 하지 않고 피해버리는 태도를 말합니다. 그런데 사실 회피는 아주 오래전부터 대대로 내려온 심리라는 거, 알고 있나요?

원시 시대에는 우리의 신체와 가족들을 보호할 튼튼한 보금자리나 안전장치가 거의 없었습니다. 그래서 우리의 조상님

최소한의 심리학

들은 늘 야생 동물의 습격이나 다른 부족의 침입을 걱정하며 살았죠. 그들과 맞서 싸울만한 능력이 부족하다면 그 상황을 최대한 잘 피해야만 살아남을 수 있었으니까요. 그렇게 살아남은 사람들이 후세를 남길 수 있었고, 그 후세가 바로 우리랍니다! 어려운 순간이 닥쳤을 때 피해버리고 싶은 마음이 드는 건, 대대로 내려온 자연스러운 본능인 셈입니다.

거짓말도 이런 '회피' 행동 중 하나입니다. 곤란하다고 느낄 때, 그 순간을 모면하기 위해 거짓말이 툭 튀어나오지 않던가요? 그런데 거짓말은 잠깐의 곤란함을 피하는 대피처가 될 수는 있더라도 근본적인 해결책이 될 수는 없습니다. 게다가 진짜 해결해야 할 문제를 계속 피하기만 한다면 마음만 더 불편해진답니다. 거짓말로 상황을 회피하는 동안 문제가 더 커질 수도 있고요. 거짓말이 '옳다', '그르다'를 판단하기 전에 그것이 우리의 문제를 해결하는 데에 별로 도움이 되는 방법은 아니라는 사실을 먼저 기억해둡시다.

오래전 영화 이야기를 꺼내 볼까요. 여러분들이 세상에 나오기도 전에 개봉한 영화일 텐데요. 〈리플리〉라는 제목을 가진 영화입니다. 이 영화의 주인공인 '톰 리플리'는 눈 하나 깜짝하지 않고 거짓말을 합니다. 능수능란한 거짓말로 우연히 상류층 친구와 친분을 쌓게 되고, 그와 가까이 지내며 사랑, 우정, 배신감, 시기와 질투를 느끼죠. 그러다, 자신을 깔보는 그 친구의 언행에 그만 우발적으로 친구를 살해하게 됩니다. 그리고 살인 사건을 덮기 위해 거짓말 위에 거짓말을 계속 덮어나가죠. 급기야 자신이 그 친구인 것처럼 행세하고 다니기도 합니다.

이 영화는 1955년 패트리샤 하이스미스(Patricia High-smith)라는 미국 작가가 쓴《재능 있는 리플리 씨(The Talented Mr. Ripley)》라는 소설을 원작으로 하고 있습니다. 우리가 흔히 거짓말을 밥 먹듯이 하다가 그것이 사실인 것처럼 믿어버리는 사람들을 가리켜 '리플리 증후군'이라고 부르는 것도 이 소설로부터 출발했습니다. 참고로, 리플리 증후군은 의학에 실제로 존재하는 정식 진단명은 아닙니다. 편의상 그렇게 부르는 것이죠.

그런데, 이쯤 되니 이런 의문이 드는군요.

> '거짓말이 항상 나쁘기만 할까?
> 거짓말이 도움을 주는 때는 없는 걸까?'

이왕 영화 이야기를 꺼냈으니, 이번에는 '새빨간 거짓말'이 아닌 '하얀 거짓말'을 다룬 영화를 소개해 볼까요? 〈페어웰(The Farewell)〉이라는 영화입니다. 이 영화의 주인공은 할머니를 아주 사랑하는 어느 여학생입니다. 그런데 어느 날, 아버지의 표정이 너무 좋지 않은 것을 발견하고, 그 이유를 묻다가 사랑하는

최소한의 심리학

할머니가 '폐암 말기'라는 사실을 알게 됩니다. 다른 가족들도 이 사실을 이미 모두 알고 있었지만, 정작 당사자인 할머니만 이 사실을 모르고 있었습니다. 암이 이미 많이 진행된 마당에 할머니를 위해 병을 알리지 않는 게 낫다고 생각한 것이죠. 주인공은 '선의의 거짓말'로 할머니를 속이는 게 맞는지 계속 갈등합니다.

이런 경우라면 거짓말이 반드시 나쁘다고만 하긴 어려울 수도 있습니다. 가족들이 할머니에게 거짓말을 한 건 어디까지나 할머니가 충격받고 힘들어하지 않도록 배려한 것이기 때문입니다. 또, 그 거짓말이 할머니가 무탈하게 지내는 데 도움이 되었으니 거짓말이 항상 나쁘다고 볼 수만은 없겠지요.

그렇지만, 〈페어웰〉의 상황은 아주 예외적인 경우라고 볼 수 있습니다. 대부분의 경우, 거짓말을 하지 않는 것이 나와 나의 인간관계를 위해 훨씬 더 좋습니다. 여기까지 읽은 친구들 중, 이런 걱정을 하는 친구도 있을까요? '혹시 내가 리플리 증후군?' 너무 걱정 마세요. 리플리 증후군은 거짓말을 진짜라고 착각하는 수준을 말하는 거니까요. 대신, 거짓말을 하고 싶을 때 이 두 가지를 꼭 기억하면 좋겠습니다.

첫째, '눈덩이 효과'입니다. 눈사람을 만들다 보면 처음에는 주먹 크기의 작은 눈덩이가 금세 큰 덩어리가 되는 걸 볼 수 있죠. 거짓말도 그렇습니다. 처음에는 아주 작게 시작했더라도 거짓말을 숨기려고 하다 보면 오히려 거짓말이 잡을 수 없이 커지기도 합니다. 그러니 처음부터 솔직하게 말하는 게 나중을 위해서라도 훨씬 현명한 선택입니다.

둘째, 거짓말보다는 정직이 더 좋은 관계를 불러올 수 있습니다. 친구들에게 나를 대단한 사람처럼 꾸며내야만 사랑받고 인정받을 수 있다고 생각하고 있나요? 친구들은 여러분의 모습 그대로를 사랑해 줄 가능성이 더 높습니다. 오히려 정직한 모습을 훨씬 더 좋아해 줄 거예요.

아주 작은 거짓말도 '불씨'가 될 수 있습니다. 작은 불씨가 옮겨붙으면 큰 불길을 만들어내는 것처럼, 무심코 한 거짓말이 나와 내 주변에 언젠가 큰불을 일으킬지도 모른다는 것, 꼭 기억하자고요.

다른 사람이 날 볼 거라는 착각

내 모습을 긍정적으로 보는 법

오래전 인기를 얻었던 유명 배우의 얼굴이 크게 프린트된 티셔츠를 입고, 당신은 사람들이 많이 모여 있는 공간에 들어가게 됩니다. 과연 그곳에 있는 사람들 중 몇 명이나 당신이 입고 있는 티셔츠에 반응을 보이고 기억을 할까요? 그리고 그곳에 있는 사람들이 얼마나 당신을 기억할 것이라고 생각하나요?

심리학자 토마스 길로비치(Thomas Gilovich)는 독특한 티셔츠를 입고 사람들이 많은 장소에 들어갔을 때 얼마나 많은 사람이 이 사람을 기억할지 알아보는 실험을 진행했습니다. 이 실험의 참가자는 자신이 유명 배우의 얼굴이 크게 프린트된 티셔츠를 입고 사람들 사이에 들어간다면 절반 이상의 사람들이 자신을 기억할 것이라고 생각했습니다. 그러나 실제로 이 독특한 티셔츠를 기억하는 사람은 20퍼센트도 되지 않았다고 해요.

실험에 참여한 당사자는 자신이 독특한 티셔츠를 입고 들어가는 동시에 많은 사람들이 자신의 등장에 많은 관심을 가질 것이고, 자신을 유심히 관찰할 것이라 생각했습니다. 그러나 실제 그 안에 있던 대부분의 사람들은 티셔츠를 입고 등장한 사람에게 전혀 관심이 없었고, 얼굴이 그려진 티셔츠를 입은 것이 어렴풋이 기억이 나지만 그 옷을 입은 사람에 대해 세세하게 기억하지 못했습니다.

이처럼 다른 사람이 나의 말과 행동, 외모에 관심을 갖고 나를 관찰할 것이라고 착각하는 경향을 '스포트라이트 효과(Spotlight effect)'로 설명하고 있습니다. 마치 무대 위의 주인공처럼 화려한 조명을 받고 있기 때문에 많은 사람들이 나에게 집중하고 있다고 착각을 하게 합니다. 타인이 나에게 비춰준 조명이 아닌데도 다른 사람들이 나를 주목하고 있다고 자기중심적인 해석을 하게 되는 거죠.

이렇게 자신의 외모에 대해 신경을 쓰고 다른 사람이 어떻게 볼지에 대해 예민하게 생각하는 사람들이 주변 사람들에게 자주 하는 질문이 있습니다.

"나 오늘 입고 나온 옷 이상한 것 같지 않아? 뚱뚱해 보이는 거 같아. 그치?"

최소한의 심리학

"얼굴에 있는 점이 너무 신경 쓰여. 점만 보이지?"
"지금 저 사람이 나 쳐다보는데, 나 이상하게 쳐다본 거 맞지?"

끊임없이 다른 사람의 시선을 신경 쓰고, 괜찮은지를 확인하려 해요. 특히 외모에 대해 스스로 만족스럽지 못하다고 생각하는 경우 더욱 다른 사람의 시선을 의식하고 사람들의 반응에 예민해질 수밖에 없는데요. 문제는 내가 다른 사람을 의식하고 신경 쓰는 것과는 별개로 다른 사람은 나에게 관심을 크게 기울이지 않고 있다는 겁니다.

반대로 사람들은 '이걸 좀 알아봐 주었으면' 하는 것에도 크게 관심을 주지 않죠. 특별히 신경 써서 머리를 만지고, 마음에 드는 옷을 입고 나왔지만 사람들은 나의 헤어스타일이 얼마나 괜찮은지, 새로 산 옷이 좋아 보이는지 크게 관심을 보이지 않을 수 있어요. 내가 관심을 받고 싶다고 생각한 경우, 주변으로부터 관심을 받지 못한 것에 대해 상처를 받기도 합니다.

다른 사람의 호감을 얻기 위해 자신을 꾸미고, 더 좋은 모습으로 변화하려는 것은 자신을 끊임없이 발전시키는 노력으로 이해할 수 있어요. 그리고 다른 사람에게 관심의 대상이 되고, 주목을 받고 싶은 것은 대부분의 사람들이 가지는 기본적인 욕구이기도 하고요. 우리는 이런 욕구 때문에 타인에게 인정을 받기 위해 더 많이 노력을 하고, 다른 사람들이 좋아하는 방향으로 자신을 가꾸기도 합니다. 다른 사람의 시선이나 평가를 어느 정도 의식하는 것은 사람들과의 관계에서 필요한 부분이지만 끊임없이 다른 사람과 비교하고 기준을 타인에게 두는 것은 자신을 변화하도록 하는 동기가 아닌 자기를 잃어가는 과정이 될 수 있어요.

'과도하게 다른 사람의 평가를 의식하는 사람들'은 불안하다고 생각하는 한 지점에 몰두하는 태도를 보입니다. 길을 걷는 동안, 버스를 탈 때에도 모두 자신의 외모만 보고 있다고 생각을 하는 것이죠. 그러다 보니 잘 모르는 사람들 사이를 지나가는 것조차 힘든 일이 되어버립니다. 다른 사람들의 시선이 나를 숨어버리게 만드는 것이 아니라 내가 다른 사람들의 시선을 피해 스스로 숨는다고 표현하는 것이 더 맞을 거예요.

앞의 '스포트라이트 효과'의 실험에서와 같이 사람들은 생각 이상으로 다른 사람들에게 관심을 두지 않습니다. 설령 누군가를 기억한다고 해도 특별한 의미를 둔다거나 그 사람에 대해 다양한 평가를 하지 않는다고 해요. 그럼에도 타인의 시선과 평가를 자기 방식으로 해석하고, 다른 사람도 그렇게 판단했다고 착각을 하게 됩니다. 특히 이런 사람들의 특징은 평가에 있어 걱정되는 부분이나 기대되는 것에 대해 실제로 확인하는 작업을 하

최소한의 심리학

지 않으려 하지요. 단지 자신의 생각이나 느낌이 맞을 거라고 확신을 하고, 다른 사람도 자신이 예측한 것과 같은 생각을 할 거라고 믿어 버리는 거죠.

친구들이 패션 감각이 별로라고 생각했을 것 같은 파란색 줄무늬 티셔츠를 입고 친구의 생일 파티에 참석했다고 상상해 볼게요. 생일 파티가 끝나고 며칠 지나 그 자리에 함께 했던 친구들에게 생일 파티 날에 입었던 자신의 옷이 기억이 나는지, 스타일은 어땠는지 묻는다면 과연 파란색 줄무늬 티셔츠를 기억할 사람이 몇 명이나 있을까요? 혹은 입었던 옷을 어렴풋이 기억한다고 해도 그날 그 옷이 얼마나 잘 어울렸는지, 나의 패션 스타일이 어떤지에 대해 분석하고 있는 친구는 더욱 없을 거예요.

반면, 친구 생일 파티 내내 "나 파란색이 안 어울리지? 줄무늬 티셔츠 괜히 입었나 봐. 너무 촌스러운 것 같아"라는 말을 했다면 친구들의 기억 속 나는 어떻게 기억이 되었을까요? 오히려 나의 스타일이 이상했던 것으로 기억할 수 있게 내가 다른 사람에게 숨기고 싶은 것을 강조하고 알려주는 셈이 되었죠. 남들과의 비교에서 오는 자기 비하는 어떤 방법으로도 자기를 만족할 수 없도록 합니다. 나 스스로가 나 자신을 별로라고 평가하기 때문에 다른 사람에게 부럽다고 생각한 것을 따라해 본다고 해도 자기에 대한 만족감을 줄 수는 없을 거예요.

말하는 습관으로부터 자기에 대한 평가를 바꾸면 좋겠어요. 다른 사람을 칭찬하고 장점을 찾아 피드백 해주는 것은 좋지만 여기에 자기에 대한 비교와 비난은 하지 않도록 해요. 그리고 스스로 별로라고 생각했던 부분을 자신 있게 표현하는 것이 오히려 다른 사람에게는 나의 강점으로 느끼도록 하는 방법일 수 있습니다.

　　"너는 어쩜 이렇게 손가락이 길고 예뻐? 내 손은 진짜 못생겼는데…"가 아니라 "넌 정말 손이 예쁜 것 같아."라고 한다면 친구의 장점을 찾아주는 의미 있는 행동을 하게 된 것입니다. "나는 유난히 빨리 피부가 타는 것 같아. 그래서 여름이면 더 건강해 보여서 좋더라."라고 스스로 자신의 매력을 만들어 소개한다면 다른 친구들도 '햇볕에 탄 피부가 건강해 보이고 매력적인 친구'로 기억할 수 있을 거예요.

타인에게 휘둘리지 않고
자존감 높은 사람으로 살아가기

여러분에게 도움이 되면 좋겠다는 마음으로 썼지만, 이 책 한 권 읽었다고 하루아침에 달라지거나, 상황이 변하진 않을 겁니다. 변화를 원한다면 실천하는 노력이 필요하지요. 이 책은 방향을 알려줄 수는 있어도 직접 몸을 움직여야 하는 것은 자기 자신이니까요. 심리상담에서도 "아, 내가 그래서 그랬구나!"라고 깨닫는 '통찰'을 중요하게 여기지만 이해와 배움을 몸에 익히는 연습인 '훈습'을 더 중요하게 여깁니다. 훈습은 여러 번 반복하는 것이 포인트입니다. 반복하면 반복할수록 막연하게 여겨지던 것이 선명해지고, 어떻게 해야 할지 알게 되지요.

앞에서 알려드린 서른 개의 심리학 이야기들은 타인에게 휘둘리지 않으면서 당당하게 살아가는 데 도움이 되기 위한 것들입니다. 궁극적으로는 '자신답게' 살아가기 위해서이고, 그러기 위해 우리에게 필요한 것이 바로 '자존감'입니다.

> "친구의 말 한 마디에도 지나치게 신경이 쓰여 힘들어요."

> "누가 함부로 말해도 대응하지 못해서 스스로가 한심해요."

> "타인의 부탁을 거절하지 못해서 답답해요."

여러분도 이런 고민을 해본 적 있나요? 고민은 다양하지만 한 가지 공통점이 있습니다. 타인과의 관계에서 당당하게 행동하지 못하고 하고 싶은 말을 적절하게 하지 못하는 것인데요, 친구나 가족 등 중요한 사람들 사이에서 그때그때 할 말을 하지 못하는 일이 오랫동안 되풀이되면 자존감이 떨어지게 됩니다.

게다가 요즘은 갈수록 소셜 미디어로 소통하는 일이 확장되고 있습니다. 현실의 친구 수보다 팔로워 수가 나라는 존재를 보여주죠. 댓글을 주고받으며 생각을 표현하는 일도 실시간으로 일어나고요. 내가 알지 못하는 사람이 나를 평가하고 비난하는 일까지 생깁니다. 나를 보여주고 드러내며 인정받던 공간이 순식간에 적대감으로 가득한 두려운 곳이 됩니다. 현실의 세계에서도 가상의 세계에서도 타인을 의식하는 일이 많아진 셈이죠. 이런 환경에서 타인과 비교하면서 주눅이 들며 눈치를 보게 되면 어떻게 될까요? 흔한 말로 '자존감이 바닥을 치는' 일이 생깁니다. 그래서 그런지 '자존감이 중요한 이유', '자존감 높이는 법' 등이 SNS나 책, 방송에서도 많이 언급되고 있는 듯합니다.

그런데 도대체 이놈의 자존감이 뭐기에 이토록 자존감, 자존감 하는 걸까요? 자존감은 '자아존중감'이라고도 합니다. 미국의 심리학자 윌리엄 제임스(William James)가 처음으로 정의를 내린 말이에요. 자존감에 대해 이야기하자면 책 한 권도 부족하지만, 간단히 말하면 '자신을 사랑하고 존중하는 마음'입니다.

자존감이 높을 때 우리는 삶을 주도적으로 살아가고, 타인과 자신 있게 관계를 맺고, 자신에게 이로운 선택을 하며 부정적인 상황에서도 긍정적인 관점을 유지합니다. 어려움을 겪어도 다시 도전하는 일을 멈추지 않죠. 반면 자존감이 떨어질 때는 우울, 불안, 열등감, 분노, 공포, 좌절감, 무력감 등 부정적 감정을 더 자주 느끼거나 판단력이 떨어지고, 공격적이 되거나 타인에게 지나치게 의존적이고 중독 현상에 빠질 확률이 높다고 합니다. 그러니 자존감이 낮다고 생각되면 자신을 위해서라도 자존감을 높여야 합니다.

자존감에 대해 배우기 전에 알아야 하는 사실이 하나 있습니다. 자존감은 태어날 때부터 우리 안에 있는 능력이나 기질, 성격 같은 것이 아니라는 점입니다. 가끔 내성적인 성격이라 낯가림이 심해서 자존감이 낮다고 말하는 사람들도 있는데, 이런 성향과 자존감은 아무 연관이 없습니다. 만약 자존감이 타고난 능력이라면 높은 자존감을 갖고 태어난 사람만 잘 살아가겠죠. 자존감을 높이는 일도 불가능하고요. 그러니 여러분은 이런 잘못된 생각에 빠지지 말고 "자존감은 연습을 통해 얼마든지 높일 수 있다."라고 생각하길 바랍니다.

그렇다면 어떻게 하면 자존감을 높일 수 있을까요? 두 주먹 불끈 쥐며 "오늘부터 자존감을 높이자!" 하고 마음만 먹으면 봄날의 새싹처럼 자존감이 쑥쑥 자랄까요? 자존감에 대해 잘 '알고' 있는 것과 실제 높은 자존감을 '가진' 사람이 되는 일은 다릅니다. 마음의 문제로만 자존감을 여긴다면 낮은 자존감 때문에 생긴 문제를 절대 해결할 수 없죠.

자존감을 마음의 문제나 마음가짐으로 보면 안 되는 이유는 우리 마음의 특성이 외부의 자극에 쉽게 반응하며 흔들리기 때문입니다. 괴로운 것은 피하려고 하고, 재미있는 것은 쫓아가려고 하죠. 마음은 공부하자고 외치지만, 손은 휴대폰을 열고 눈은 유튜브 영상에서 떠나질 못합니다. 마음과 몸이 다른 것을 원하는 상태가 되는 것이죠. 그렇기에 마음으로만 자존감을 원할 게 아니라 자존감을 높이는 '행동과 경험'을 해야 합니다.

나를 있는 그대로 인정하고 받아주는 사람들이 주변에 많다면 살아가는 동안 자존감이 크게 다칠 위험은 없습니다. 하지만 내 주변에 그런 사람이 없다고 낙담할 필요는 없습니다. 자존감을 높이는 연습이 있으니까요. 바로 '자기 효능감(self-efficacy)' 연습입니다.

자기 효능감은 캐나다의 심리학자 앨버트 반두라(Albert Bandura)가 말한 개념입니다. 특정 상황에서 특정한 일을 얼마나 잘할 수 있는지에 대한 믿음을 말하는데, 작은 성취를 꾸준히 해나가는 것이 핵심입니다. 여기서 포인트는 '작은 성취'입니다. 해야 할 일이 있다면 작게 쪼개서 하나씩 해나가는 것이죠.

커다란 바위도 잘게 쪼개면 손안에 쏙 들어오는 작은 돌멩이가 됩니다. 바위는 움직이기 어렵지만 돌멩이는 쉽게 옮길 수 있죠. 거대한 바위를 붙들고 좌절하기보다 작은 돌멩이로 만들어 하나 둘 옮기다 보면 어느새 일이 끝나 있을 겁니다. 시험공부를 할 때도 마찬가지입니다. 무조건 수학 점수를 올려야 한다고 생각하면 '이걸 언제 다 하나' 막막해지지만, 오늘 공식 하나를 공부하고 한 페이지 분량의 문제를 푼다고 생각하면 '그 정도는 할 수 있다'고 마음이 가벼워지죠. 체크리스트를 만들어 눈으로 보면서 확인하는 것도 좋은 방법입니다.

마지막으로 매일 할 수 있는 작은 연습을 하나 알려드

릴까요? 정말로 아주 쉽고, 간단한 일입니다. 자고 일어난 후 침대나 이불을 정리해 보세요. 효과가 아주 좋은 연습이랍니다. 5분도 안 걸리는 이 간단한 일로 자기효능감이 커지고 자존감까지 높아질 수 있냐고요? 사회경제학자인 랜달 벨(Randal Bell) 박사의 연구에 따르면 자존감이 높고 자신이 원하는 분야에서 성공을 한 사람들의 공통점 중의 하나가 자고 일어나자마자 바로 침대를 정리한 것이었다고 해요. 그러니 여러분도 꼭 한 번 시도해 보세요.

> 천 리 길도 한 걸음부터라는 말처럼,
> 변화를 위한 첫 번째 걸음을 내디딘
> 여러분을 응원합니다.
> 자존감 높은 사람으로 당당하게,
> 자신의 삶을 살아가세요.

- 〈사례로 배우는 가족상담〉 이영분, 학지사, 2020.
- 〈상실수업〉 Elisabeth Kübler-Ross, David Kessler 저, 김소향 역, 인빅투스, 2014.
- 〈심리상담과 치료의 이론과 실제〉 Gerald Corey 저, 성문, 권선중, 김인규, 김장회, 김창대, 신성만, 이동훈, 허재홍 역, 학지사, 2017.
- 〈심리학 개론-제3판〉, Daniel L. Schacter, Daniel M. Wegner, Matthew K.Nock, Daniel T. Gilbert 저, 이주일, 박창호, 민경환, 남기덕, 김명선, 이옥경, 김영진, 이창환, 정경미 역, 시그마프레스, 2016.
- 〈인간중심 상담의 임상적 적용〉 Dave Mearns, Brian Thorne 저, 주은선 역, 학지사, 2012
- 〈제3판 인지신경과학〉 Marie T. Banich,Rebecca J. Compton 저, 김명선, 강은주, 강연욱 역, 박학사, 2014.
- 〈중독상담학 개론〉 신성만, 학지사, 2018.
- 〈최신 교육심리학〉 이신동, 학지사, 2011

- 〈하인즈 코헛과 자기 심리학〉Allen M. Siegel 저, 권명수 역, 한국심리치료연구소, 2002.
- 〈현대 심리치료와 상담이론〉권석만, 학지사, 2012.
- 통합적 한국판 CES-D 개발. 한국심리학회지: 건강, 6(1), 59-76. 전겸구, 최상진, 양병창. 2001.
- 도란도란 학교폭력예방교육 https://doran.edunet.net
- 스마트쉼센터 – 스마트폰 과의존 청소년 척도 https://www.iapc.or.kr/kor/PBYS/diaSurvey.do?idx=8

최소한의 심리학

초판 1쇄 발행 2023년 4월 7일
초판 3쇄 발행 2024년 8월 28일

지은이 인현진, 조희진, 홍다솜
그린이 쩡찌

펴낸이 김남전
편집장 유다형 | 기획·편집 이경은 | 디자인 양란희
마케팅 정상원 한웅 정용민 김건우 | 경영관리 임종열

펴낸곳 ㈜가나문화콘텐츠 | 출판 등록 2002년 2월 15일 제10-2308호
주소 경기도 고양시 덕양구 호원길 3-2
전화 02-717-5494(편집부) 02-332-7755(관리부) | 팩스 02-324-9944
홈페이지 ganapub.com | 포스트 post.naver.com/ganapub1
페이스북 facebook.com/ganapub1 | 인스타그램 instagram.com/ganapub1

ISBN 979-11-6809-088-0 (43180)

가나출판사는 당신의 소중한 투고 원고를 기다립니다. 책 출간에 대한 기획이나 원고가 있으신 분은 이메일 ganapub@naver.com으로 보내 주세요.